柏拉图全集

PLATONIS OPERA

增订版

7

[古希腊]柏拉图◎著

王晓朝◎译

人民出版社

责任编辑：张伟珍

封面设计：吴燕妮

图书在版编目（CIP）数据

柏拉图全集 .7 ／［古希腊］柏拉图 著；王晓朝 译 . – 增订本 . —北京：
人民出版社，2017.4（2021.2 重印）

ISBN 978 – 7 – 01 – 016891 – 3

I.①柏…　II.①柏…　②王…　III.①柏拉图（前 427~ 前 347）–
全集　IV.① B502.232-52

中国版本图书馆 CIP 数据核字（2016）第 255153 号

柏拉图全集［增订版］7

BOLATU QUANJI

［古希腊］柏拉图　著　　王晓朝　译

人民出版社 出版发行
（100706　北京市东城区隆福寺街 99 号）

北京汇林印务有限公司印刷　新华书店经销

2017 年 4 月第 1 版　2021 年 2 月北京第 2 次印刷
开本：710 毫米 ×1000 毫米 1/16　印张：16.5
字数：235 千字　印数：3,001–5,000 册

ISBN 978 – 7 – 01 – 016891 – 3　定价：46.00 元

邮购地址 100706　北京市东城区隆福寺街 99 号
人民东方图书销售中心　电话（010）65250042　65289539

目　录

增订版译者前言

拙译中文版《柏拉图全集》自 2003 年开始出版以来，十来个年头匆匆而过。应社会大众的阅读需要，全集多次重印。期间，译者也在不断地听取和收集各方面的批评意见，并在教学和科研间隙对全集进行增订。最近几年，译者承担的教学和研究工作相对较少，有了对全集进行全面增订的充裕时间，遂有这个全集增订版的问世。

译者除了对原版译文进行逐字逐句的修订外，还做了以下工作：

（1）原版中各篇对话的提要译自伊迪丝·汉密尔顿所撰写的各篇对话短序。本次修订，所有提要均由译者本人撰写，内中包含译者自身的阅读心得，写出来供读者参考。

（2）考虑到研究的需要，也考虑到柏拉图的疑伪之作至今尚无最终定论，因此借增订之机，补译柏拉图伪作十六种。它们是：《阿尔基比亚德上篇》（Alcibiades I）、《阿尔基比亚德下篇》（Alcibiades II）、《希帕库斯篇》（Hipparchus）、《克利托丰篇》（Clitophon）、《塞亚革斯篇》（Theages）、《弥诺斯篇》（Minos）、《德谟多库篇》（Demodocus）、《西绪福斯篇》（Sisyphus）、《厄里西亚篇》（Eryxias）、《阿西俄库篇》（Axiochus）、《情敌篇》（Rival Lovers）、《论公正》（On Justice）、《论美德》（On Virtue）、《神翠鸟》（Halcyon）、《定义集》（Definitions）、《诗句集》（Epigrams）。

（3）专有名词（人名、地名、族名、神名）有少量改动和增添；哲学概念和术语的译名结合近年来的研究动态有改动，并以注释的方式说明旧译和新译的基本情况。

（4）文中注释有较多修改和增添。所有注释均由译者参照已有版本的注释加以取舍、改写、综合、添加。

（5）柏拉图著作标准页在原版中在页边标注，考虑到中国人的阅读习惯，修订版改为在文间标注。

（6）除原版中列举的参考资料外，本次增订着重参考了下列图书：

J.Burnet, Platonis Opera, 5 vols, Oxford, Clarendon Press, 1900—1907.

Plato，Complete Works，ed.By John M.Cooper，Hackett Publishing Company，Indianapolis，Cambridge，1997.

（7）参考 John M.Cooper 编辑的英文版柏拉图全集中的索引，重编增订版索引，并增加希腊文对照。

近年来，中国高校大力推广人文素质教育，阅读经典著作成为素质教育的重要内容。为适应这种社会需要，译者将增订版的《柏拉图全集》分为十册出版，以解决全集篇幅过大，一般学生和社会读者难以全部购买的问题。待各分册出版完成以后，再视社会需要，出版完整的《柏拉图全集》［增订版］。

增订版各分册内容如下：

第一册：申辩篇、克里托篇、斐多篇

第二册：卡尔米德篇、拉凯斯篇、吕西斯篇、欧绪弗洛篇

第三册：美涅克塞努篇、小希庇亚篇、伊安篇、高尔吉亚篇

第四册：普罗泰戈拉篇、美诺篇、欧绪德谟篇

第五册：克拉底鲁篇、斐德罗篇、会饮篇

第六册：国家篇（10 卷）

第七册：泰阿泰德篇、巴门尼德篇、智者篇

第八册：政治家篇、斐莱布篇、蒂迈欧篇、克里底亚篇

第九册：法篇（12 卷）

第十册：伊庇诺米篇、大希庇亚篇、阿尔基比亚德上篇、阿尔基比亚德下篇、希帕库斯篇、克利托丰篇、塞亚革斯篇、弥诺斯篇、德谟多库篇、西绪福斯篇、厄里西亚篇、阿西俄库篇、情敌篇、论公正、论美德、神翠鸟、定义集、书信、诗句集

借《柏拉图全集》增订出版之机，重复译者在原版"中译者导言"

中说过的话:"译作的完成之日,就是接受批评的开始。敬请读者在发现错误的时候发表批评意见,并与译者取得联系(通信地址:100084 清华大学人文学院哲学系;电子邮件:xiaochao@tsinghua.edu.cn),以便译者在有需要再版时予以修正。"

感谢学界前辈、同行、朋友的教诲、建议和批评!

感谢人民出版社为出版中文版《柏拉图全集》所付出的巨大努力!

感谢中文版《柏拉图全集》出版以来阅读过该书的所有读者!感谢中文版《柏拉图全集》出版以来,对该书作出评价和提出批评意见的所有人!

王晓朝

于北京清华园

2014 年 6 月 1 日

泰阿泰德篇

提　要

　　本篇属于柏拉图后期对话，以主要谈话人泰阿泰德的名字命名，约写于公元前 369 年，即柏拉图第二次西西里之行前后。公元 1 世纪的塞拉绪罗在编定柏拉图作品篇目时，将本篇列为第二组四联剧的第二篇，称其性质是"试探性的"，称其主题是"论知识"。① 对话篇幅较长，译成中文约 6 万字。

　　对话采用双重叙述的方式：第一重是欧几里德偶遇忒尔西翁，俩人谈起泰阿泰德，让书童将他多年前听到的一篇对话的记录念给忒尔西翁听（142a—143d）；第二重即这篇对话本身，谈话人是苏格拉底、塞奥多洛和泰阿泰德。本篇带有纪念泰阿泰德的意味。在谈话中，塞奥多洛推说自己年事已高，主要让年少的泰阿泰德回答苏格拉底的问题。塞奥多洛大约生于公元前 460 年，居勒尼人，数学家，是柏拉图和泰阿泰德的老师。泰阿泰德是柏拉图的朋友和学生，柏拉图学园里的重要成员，约生于公元前 414 年，在公元前 369 年的科林斯战役中负伤，不久后去世。

　　对话第一部分（143d—164d），讨论"知识就是感觉（$\alpha\check{\iota}\sigma\theta\eta\sigma\iota\varsigma$）"。苏格拉底运用他的产婆的技艺（精神助产术），帮助泰阿泰德产下这个观点（151e），然后对之进行检验。苏格拉底指出这个观点与普罗泰戈拉"人是万物的尺度"的观点相一致，进而又将这个观点与赫拉克利

---

① 参阅第欧根尼·拉尔修：《名哲言行录》3：59。

特的流变学说联系起来，提炼出一种相对主义的感觉论：感觉者和感觉的对象都在不断变化，不同的人有不同的感觉，个人的感觉是独特的。（153d—154a）然后，苏格拉底批评这种感觉论，指出普罗泰戈拉这一神话最终破灭。（164d）

接下去，苏格拉底要求塞奥多洛接受提问，在交谈中偏离"知识就是感觉"这一论题。苏格拉底进一步批评了普罗泰戈拉的感觉主义，提到智者（聪明人）和哲学家的区别、哲学家的特性、哲学家的追求、运动的两种类型、主动派（主张一切事物都是运动的）与主静派（主张一切事物都是静止的）的对立，等等问题。（164d—184b）

对话第二部分（184b—202c），讨论"知识就是真判断（δοξάζειν）"。苏格拉底继续运用助产术，帮助泰阿泰德产下这个观点。（187a）"判断"这个词的意思是灵魂（人的感觉器官）就某个事物形成判断、意见、想法、信念。苏格拉底没有从正面说明什么是"真判断"，而是对"假判断"的产生过程进行分析。他用"蜡板说"（191c—d）和"鸟笼说"（196d—199a）来解释错误判断的发生过程，从而断定，即使真判断也不是知识。在不掌握知识的本质，亦即回答什么是知识这个问题之前，不可能回答什么是"真判断"，什么是"假判断"这些问题。

对话第三部分（202c—210d），讨论"知识就是真判断加解释（λόγος）。"泰阿泰德说他听别人说过这个知识定义，提出来讨论。苏格拉底指出，解释要么是说话，要么是列举事物的组成部分，要么是列举事物的某些特征，将它与其他事物区别开来。说出差异就是在进行解释，解释的意思就是某种解释或说明。然而关于任何事物的真判断已经包含该事物与其他事物的不同特点，说知识就是真判断加上解释是一种同义反复。在探索知识性质的时候，没有比这更加愚蠢的说法了。所以，知识既不是感觉，也不是真实的判断，更不是真实的判断加解释。

否定上述三个知识定义以后，苏格拉底最后指出，尽管整个讨论没有结果，但这样的讨论对泰阿泰德是有用的，因为他现在明白了不要自以为是，他会在今后孕育新的美好的思想。（210b）本篇为柏拉图知识论（认识论）重要著作，非常值得深入研究。

正　文

谈话人：欧几里德①、忒尔西翁②

欧　【142】刚从乡下来吗，忒尔西翁？还是有些时候了？

忒　有些时候了。实际上，我到市场上找过你，我还纳闷怎么就找不到你呢。

欧　噢，你找不到我，因为我不在城里。

忒　那么你去哪儿了？

欧　我下港口去了，半路上碰到泰阿泰德③，被人从科林斯④的军营送来，抬着去雅典。

忒　他活着还是已经死了？

欧　还活着，但可能快不行了。【b】他受了重伤，偏偏又染上了军中爆发的瘟病。

忒　是痢疾吗？

欧　是的。

忒　这样一个人，竟然快要没了！

欧　对，一个非常优秀的人，忒尔西翁。刚才我还听到有人赞扬他在战斗中的英勇行为。

忒　这没什么好奇怪的，【c】他要是不这样，反倒让人惊讶。但他为什么不在麦加拉⑤停留呢？

---

① 欧几里德（Εὐκλείδης），哲学家，苏格拉底的追随者，麦加拉学派的奠基人。

② 忒尔西翁（Τερψίων），苏格拉底的追随者。

③ 泰阿泰德（Θεαίτητος），柏拉图的朋友和学生，柏拉图学园里的重要数学家，约生于公元前 414 年，于公元前 369 年的科林斯战役中负伤，不久去世，时年约 50 岁。据此推算，苏格拉底于公元前 399 年被处死的时候，泰阿泰德才 15 岁左右。这与对话中说他"还是个小青年"（142c）相符。

④ 科林斯（Κορίνθια），地名。

⑤ 麦加拉（Μέγαρὰ），地名。

欧　他急着回家。我要他留下，劝过他，但他不愿意。所以我看着他上路。在我回来的路上，我回想起苏格拉底①，真佩服他的先见之明，他对泰阿泰德作过评价。要是我没记错，就在苏格拉底去世前不久，他遇上当时还是个小青年的泰阿泰德。苏格拉底见到他，和他交谈，对他的天赋极为赞赏。后来我去雅典的时候，苏格拉底把他们谈话的内容告诉我，很值得一听。【d】他还对我说，我们今后必定还会听到泰阿泰德更多的讲话，等他进一步成熟。

忒　嗯，他显然说中了。不过他们谈了些什么？你能告诉我吗？

欧　宙斯在上，不。单凭记性肯定不行。【143】不过我当时一回家就及时做了一些笔记，后来有空的时候又仔细回忆，把它写了下来，以后每次去雅典，我都向苏格拉底询问我记不清楚的地方，回家再作补正。就这样，整个讨论都被我很好地写了下来。

忒　没错，当然了。我以前听你提到过这件事，一直想要你拿出来给我看看，尽管长时间没能如愿。有什么理由我们不现在就来过一遍呢？从乡下走到这里，无论如何，我需要休息一下。

欧　【b】好吧，我不在意坐下休息。我从伊利纽②就陪着泰阿泰德。来吧，我们歇着，让我的书童③读给我们听。

忒　说得对。

欧　书④就在这里，忒尔西翁。你瞧，我是这样把它写下来的，不是像苏格拉底对我转述的那样来写，而是就写成苏格拉底直接对参加谈话的那些人说话。他告诉我，这些人是几何学家塞奥多洛⑤和泰阿泰德。【c】我想在书面文字中避免不同讲话之间的叙述语——我指的是，当苏格拉底提到他自己在讨论中的讲话时，他要说"我认为"、"我说"，

---

① 苏格拉底（Σώκρατης），哲学家。

② 伊利纽（Ἐρινεῦμ），地名，位于厄琉息斯和雅典之间。

③ 书童（παῖς），奴仆，佣人。

④ 书（βιβλίον），常指抄写在莎草纸上的卷轴。

⑤ 塞奥多洛（Θεόδωρος），几何学家，从居勒尼来到雅典从事教学。

或者回话的那个人，他要说"他同意"、"他不赞成"。由于这个原因，我就让他直接对这些人说话，省略了这些叙述语。

忒 嗯，这样做还是挺规范的，欧几里德。

欧 现在，书童，把书拿来读吧。

谈话人：苏格拉底、塞奥多洛、泰阿泰德

苏 【d】如果居勒尼①是我首先要关心的，塞奥多洛，那么我应当问你那边的情况，在你的年轻人中间是否有人致力于几何学，或者致力于哲学②的其他部门。不过，我爱雅典实际上胜过爱居勒尼，所以我更急于知道我们的年轻人中间有谁将来会出类拔萃。当然了，我自己总是试图发现这样的人，尽全力去寻找，但我也在不断地向其他人询问——亦即向我看到年轻人乐意追随的人询问。当然了，你现在有了很多追随者，这很公道，因为单凭你的几何学你就能做到这一点，【e】更不必提你的其他造诣了。所以，如果你遇到过有谁值得一提，我很乐意聆听。

塞 好吧，苏格拉底，我想你应当被告知、我也应当告诉你，我在这里遇到了一位杰出的小青年，你的一位同胞。要是他长得很美，我可不敢过分热情地谈论他，免得被人怀疑我与他有恋情。事实上——请原谅我这样说——他长得一点儿也不美，而是长得很像你，塌鼻暴睛，只是不如你那么明显罢了。【144】我讲起这些话来心安理得；我向你保证，在我遇到过的所有人中间——我结识过许许多多的人——我还从未见过有谁像他那样拥有极好的天资。除了超过常人的思维敏捷，他的脾气非常温和；尤其是，他有男子汉的气概，和他的同伴们一样。我从未想到，这些品性能够在他身上并存，我从未看到在其他地方能产生这样的人。一般说来，像他这样思维敏捷、博闻强记的人经常不够稳健。【b】他们会到处乱闯，就像没有压舱物的船；他们看起来很勇敢，而实际上却是一种疯狂的躁动；另一方面，比较稳健的人在学习中又经常显得笨

---

① 居勒尼（Κυρήνη），地名。
② 这里的哲学应是广义的，相当于各门学问的总和。

拙，有点——记性实在太差。但是这个孩子能够平稳、确定、有效地推进他的学习，脾气又非常好，就像油一般无声息地流淌。结果就是，小小年纪就取得这样的成绩，真的令人惊讶。

苏　这是个好消息。他是雅典人吗——他是谁的儿子？

塞　【c】我听说过这个名字，但我不记的了。不过，他正在朝我们走来，就是这群人中间的那一个。他和他的同伴刚才在外面涂油，好像已经结束了，正在朝我们走来。你注意看，看你能否认出他来。

苏　是的，我认识他。他是索尼昂①的欧佛洛纽②之子——确实就是这种人，我的朋友，你告诉我他的儿子是这种人。他在各方面都非常杰出，也留下了很多遗产。但是，我不知道这个小伙子的名字。

塞　【d】他的名字是泰阿泰德，苏格拉底。至于遗产，我想已经被托管人花完了。毕竟，在花钱上他是出奇的慷慨大方，苏格拉底。

苏　真有君子风范。我希望你能请他过来，跟我们坐一会儿。

塞　行。泰阿泰德，到这里来，到苏格拉底边上来。

苏　噢，过来，泰阿泰德。我想看看我长了一张什么样的脸。【e】塞奥多洛说我长得很像你。不过，你瞧。嗯，要是你我各有一把竖琴，塞奥多洛说它们都已经调好了音，我们应当直接相信他的话吗？或者说，我们应当试着发现他说此话有无专门的音乐知识？

泰　噢，我们应当对此进行考察。

苏　要是我们发现他是音乐家，我们应当相信他说的话；要是我们发现他没有这样的素质，我们就不应当相信他的话。

泰　没错。

苏　嗯，我假定，要是我们对我们的脸长得相似的问题感兴趣，【145】我们不得不考虑他讲这样的话是否具有任何绘画的知识？

泰　对，我应当这样想。

苏　那么，塞奥多洛是一名艺术家吗？

---

① 索尼昂（Σουνίου），地名。
② 欧佛洛纽（Εύφρονίυς），人名。

泰 不，据我所知，他不是。

苏 他也不是几何学家吗？

泰 噢，他无疑是几何学家，苏格拉底。

苏 他不也掌握了天文学、算术、音乐——以及其他一切有教养的人应当懂行的学问吗？

泰 嗯，他好像是这样的。

苏 所以，要是他断言我们之间有某些身体上的相似之处——无论他想要帮助我们，还是正好相反——我们一定不要过分在意他的话吗？

泰 也许不必。

苏 【b】但若假定他赞美我们中间某个人的灵魂呢？假定他说我们中的某个人是好的和聪明的呢？听到此话的人一定不要过分热心地考察这个受到赞美的对象吗？其他人也一定不要愿意表现自己吗？

泰 要，必定如此，苏格拉底。

苏 那么，我亲爱的泰阿泰德，现在由你来表现你自己，由我来对你进行考察。尽管塞奥多洛经常在我面前说许多人的好话，有雅典人也有外邦人，但我向你保证，我从来没有听到他像刚才赞扬你那样赞扬任何人。

泰 【c】那倒不赖，苏格拉底，不过你要当心他不是在开玩笑。

苏 那不是塞奥多洛的作为。不要借口我们的朋友在开玩笑而取消我们已经同意要做的事情，或者说你可以要他提供证据，他必须这样做——因为不像有人会告他作伪证。所以，鼓足勇气，坚持你同意要做的事情。

泰 行，我必须这样做，如果这就是你已经决定要做的事。

苏 现在，告诉我。你正在向塞奥多洛学习几何学，我猜的对吗？

泰 对，我正在学。

苏 【d】也学天文学、音乐和算术吗？

泰 嗯，我急于想学，不管怎么说。

苏 我也这样，我的孩子——向塞奥多洛或者向其他在我看来似乎懂得这些事情的人学。尽管我跟他们在许多方面交往甚欢，但我有个小小的困惑，想在你和你的同伴的帮助下考察这个困惑。嗯，学习不就是在所学的那件事情上变得比较聪明，对吗？

泰　对，当然如此。

苏　使人聪明的东西，我想，是智慧吗？

泰　是的。

苏　【e】它在任何方面与知识不同吗？

泰　什么？

苏　智慧。不就是他们知道人们拥有了它就是聪明的那个事物吗？

泰　嗯，是的。

苏　所以知识与智慧是相同的事物吗？

泰　是的。

苏　这正是我的困惑所在。【146】我无法恰当地把握这个知识到底是什么。我们能对它作个说明吗？你们大家会说什么？谁第一个讲？就像玩传球游戏的儿童说的那样，掉了球的就坐下当驴子，一直不掉球的就当国王，有权要我们回答他喜欢提出的问题。嗯，怎么都沉默了？塞奥多洛，我希望我对论证的热爱没有使我失态吧——我只是急于开始一场讨论，使我们全都亲密无间，无话不谈？

塞　【b】不，不，苏格拉底——就凭你说的最后一件事，我就可以忘掉你的态度。不过，还是在这些年轻人中找一位来回答你的问题。我不太习惯这种讨论，我这把年纪了，也不能很快适应。但对他们来说，做这种事很合适，也能从中得益。所以你们就开始吧，别让泰阿泰德离开，问他更多的问题。

苏　嗯，泰阿泰德，听到塞奥多洛怎么说了吧。【c】你不会违背他的意愿，我保证；在这种事情上年轻人也肯定不会违背有智慧的人——这样做根本不可能是恰当的。现在，坦率地回答我的问题吧。你认为，什么是知识？

泰　嗯，我应当回答，苏格拉底，你和塞奥多洛吩咐我这样做。不管怎么说，要是我犯了错，你和他会纠正我的。

苏　我们肯定会的，要是我们能做到。

泰　那么，我认为塞奥多洛教的东西就是知识——【d】我指的是几何学，以及你刚才列举的其他科目。然后还有那些技艺，比如制革，无论你把这些技艺总起来说，还是分开来说。它们必定是知识，我肯定。

苏　你的回答确实很坦率，也很大方，我亲爱的小伙子。我向你要一样东西，你给了我许多；我想要简单的东西，我得到了杂多的东西。

泰　你这是什么意思，苏格拉底？

苏　没什么意思，我敢说。但我会把我的想法告诉你。当你谈论制革的时候，你指的是制鞋的知识吗？

泰　对，我就是这个意思。

苏　【e】当你谈论木作的时候，你指的只是制作木器的知识吗？

泰　我就是这个意思，我再一次这样说。

苏　那么，在这两个例子中，你都在界定知识是关于什么的吗？

泰　是的。

苏　但是，这不是我要问的，泰阿泰德。我要问的不是人可以有关于什么的知识，也不是有多少个知识的门类。我问这个问题不包含清点这些知识门类的意思；我们想要知道知识本身是什么。或者说，我在胡说？

泰　不，你说得很对。

苏　【147】再考虑这一点。假定有人问我们一些常识，或者日常事务；比如，什么是泥？假定我们回答，"陶工的泥""砌炉工的泥""砖瓦匠的泥"，我们的回答不是很荒唐吗？

泰　嗯，也许是吧。

苏　我假定，这样说从一开始就是荒唐的，当我们说"泥"的时候，【b】无论我们再添上它是制俑工的泥，或是其他匠人的泥，我们以为那个提问的人能理解我们的回答。或者说，你认为当一个人不知道什么是某个事物的时候，他能理解这个事物的名称吗？

泰　不，肯定不能。

苏　所以，一个不知道什么是知识的人也不懂"鞋子的知识"吗？

泰　不，他不懂。

苏　那么，一个不懂什么是知识的人也不懂什么是制革或其他任何技艺吗？

泰　是这样的。

苏　所以，当提出的问题是"什么是知识"的时候，【c】用某个技艺的名称来作答是荒唐的；因为它指出了知识是关于什么的，但这不是这个问题所要问的。

泰　好像是这么回事。

苏　还有，我在想，在有可能作出简洁而又普通回答的地方，这样的回答是漫无止境的。以这个有关泥的问题为例，可以简洁而又普通地回答，泥就是混合了液体的土，而不必在意它是谁的泥。

泰　经你这么一说，苏格拉底，事情好像比较容易了。【d】但我相信，你正在问的这类问题也出现在我和那位与你同名的苏格拉底①前不久的讨论中。

苏　那是什么问题，泰阿泰德？

泰　塞奥多洛当时在这里借助图形向我们证明平方根②。他画给我们看，面积为三平方尺或五平方尺的正方形的每一条边（或平方根）都无法用一尺的线段来度量，以这种方式，他逐一举例，一直讲到十七平方尺，然后由于某些原因而停了下来。所以我们想到，平方根的数量显然是无穷的，我们可以试着把这些平方根都置于一个名称之下，用这个名称来指称所有平方根。

苏　【e】你们找到你们想要的东西了吗？

---

① 指小苏格拉底，泰阿泰德的同龄人和体育训练伙伴，在《政治家篇》中充当主要谈话人，在《智者篇》218b 中亦被提及。

② 平方根（δύναμις），这个希腊词的原意是"权能"，在此用作数学术语。当时数学术语尚未固定，在不同地方有不同含义。在 148a—b 处，它被用来特指"不尽根"。柏拉图时代的数学家讨论算术问题经常与几何问题交叉。他们经常从几何学谈论面积为 3、5 等等的正方形的边长（即平方根），而不是直接谈论我们今天所谓的 $\sqrt{3}$、$\sqrt{5}$、$\sqrt{17}$ 这些"无理数"。

泰　我想我们找到了。但是我想让你来看它是否正确。

苏　那你就说吧。

泰　我们把所有的数划分为两类。两个相等的数相乘而来的数，我们比作正方形，称之为正方形数或等边形数。

苏　到此为止，很好。

泰　【148】然后我们来看介于这些数之间的数，比如三、五，以及其他任何不由两个相等的数相乘得来、而由大数和小数相乘得来的数，它总是由一大一小的两边构成。这种数我们把它比作长方形，称作长方形数。

苏　好极了。你往下怎么说？

泰　我们把在平面上构成等边形数的线段界定为"长度"，而在平面上构成长方形数的任何线段我们界定为"平方根"，①【b】原因在于，尽管前者不能用长度来度量，但在它们分别拥有平方根的平面图形中是可度量的。关于立方，也有与此相同的区别。

苏　好极了，我的孩子们。我认为塞奥多洛不像有作伪证之嫌了。

泰　然而，苏格拉底，我不能像回答长度和平方根的问题那样来回答你的知识问题——尽管在我看来，你好像要寻找同一类的回答。所以，塞奥多洛终究还是做了伪证。

苏　【c】嗯，假定他赞扬的是你的跑步；假定他说他在年轻人中从未遇见像你这样擅长跑步的青年。然后再假定你在赛场上输给了正当壮年的冠军——你认为他的赞扬有失真诚吗？

泰　不，我不会这样想。

苏　那么，你认为发现什么是知识确实是我刚才说的——一件小事吗？你不认为这个问题对人来说是一个高端问题吗？

泰　噢，我是这么看的，一个非常高端的问题。

苏　那么好吧，你要有自信心，试着相信塞奥多洛知道自己在说什么。【d】你要全心全意投入我们正在做的事——尤其是，对到底什么是

---

①　此处的平方根专指"不尽根"。

知识有一番说道。

　　泰　要是能够专心致志地做这件事，苏格拉底，答案就会出来了。

　　苏　那么，继续前进吧。你刚才给我们开了个好头。你可以试着仿照你对平方根的回答。你刚才把众多平方根归结为一个类型；现在我想要你以同样的方式给众多知识部门提供一个单一的解释。

　　泰　【e】我向你保证，苏格拉底，以前听到有关你问的这个问题的传闻，我经常试着加以思考。不过我无法说服自己我真的能解决这个问题，我也从未听说有人能以你要求的方式给以说明。然而，还有，你知道的，我甚至无法停止我对这个问题的焦虑。

　　苏　对，这些都是产前的阵痛，亲爱的泰阿泰德，因为你不是不育的，而是怀孕了。

　　泰　我不知道这种事，苏格拉底。我只是在把我经历的事情告诉你。

　　苏　【149】那么，你的意思是你从来没有听说过我是一位名叫斐那瑞特①的产婆的儿子吗，她很优秀，身体健壮？

　　泰　噢，不，我听说过。

　　苏　你从未听说过我也使用同样的技艺吗？

　　泰　从来没有。

　　苏　但我是这么做的，相信我。只要你不把我的秘密泄露出去，行吗？你瞧，我的朋友，我拥有这种技艺，这是个秘密。你听人们说过我的不是，因为他们不知道这一点；但他们确实说我是一个非常古怪的人，总是使人产生困惑。你肯定听说过这些流言蜚语，对吗？

　　泰　【b】对，我听说过。

　　苏　要我把其中的原因告诉你吗？

　　泰　要，请说。

　　苏　嗯，你只要想一想产婆是干什么的，你就能比较容易明白我的

---

① 斐那瑞特（Φαιναρέτη），苏格拉底的母亲，这个名字的字面含义是"显明美德者"。

意思。你要知道，我假定，尚能怀孕生育的妇女决不会为人接生。只有那些年纪太大而不能生育的妇女才会当产婆。

泰　噢，是的。

苏　他们说，这种习俗与阿耳忒弥①有关；【c】因为她是生育的保护神，但她自己没有孩子。真的，她不把产婆的职责托付给不育的妇女，因为人的本性过于虚弱，没有亲身经验的人无法获得技艺。但是，她把这项任务赋予那些由于上了年岁而不再能够生育的妇女——以此尊重这些与她相似的人。

泰　自然如此。

苏　这一点也是非常自然的，不是吗？或者也许是必然的？我指的是产婆比其他任何人更能说出妇女是否怀孕。

泰　当然了。

苏　【d】那么，产婆有能力加剧产妇分娩的痛苦，也能在她们认为恰当的时候，减轻产妇分娩的痛苦；她们这样做的时候，使用简单的药物和咒语。遇到难产的妇女，她们也能使她顺产；或者，要是她们认为可行，也能给产妇引产②。

泰　对，是这样的。

苏　还有另外一件事情。你是否注意到她们是最能干的媒婆，因为她们神奇地知道什么样的男女结合可以生出最优秀的孩子？

泰　不，我完全不熟悉这种事情。

苏　不过，相信我，她们对拥有这种技艺比拥有剪脐带的技艺还要自豪得多。【e】现在，你想一想。有一种技艺与播种和收获庄稼有关。知道什么样的土壤最适合种植或播种庄稼跟它是同一种技艺吗？或者说，它是另外一种技艺？

泰　不，它是同一种技艺。

苏　那么，把这个道理用到妇女头上，会有一门技艺是播种，另一

① 阿耳忒弥（Ἄρτεμις），生育保护女神。

② 引产、流产、堕胎（ἀμβλωσις）。

门技艺是收获吗?

泰　不太像，肯定不会是这样的。

苏　【150】是的，不会。不过，也有一种不正当的、不专业的男女撮合，我们称之为淫媒；正因为此，产婆——最庄重的妇女——非常犹豫要不要做媒，哪怕是正当的。她们担心，要是为人做媒，她们会被其他人怀疑。然而，我假定，只有真正的产婆才能可靠地做媒。

泰　显然如此。

苏　所以，产婆的工作极为重要；不过，还不如我施行的助产术那么重要。由于这个原因，孕妇有时生下幻影①，有时产下真相②，【b】不在于助产术的进一步运用，而是这二者实在难以辨别。要是发生这样的情况，那么产婆最伟大、最高尚的功能就是辨别真假——你不同意吗?

泰　我同意。

苏　嗯，我的助产术与她们的助产术在许多方面是相同的。区别在于，我要照料的是男人而不是妇女，我观察的是他们灵魂的生育，而不是他们的身体。【c】我的技艺最重要的事情是对产物进行各种可能的考查，确定这个年轻人的心灵产下的是幻影，也就是谬误，还是能存活的真相。因为有一件事情我和那些普通产婆是一样的，在智慧方面我是不育的。人们对我的普遍责备是，我总是向别人提问，但从不表达我自己对任何事情的看法，因为我自己没有智慧。其原因在于，神强逼我替别人接生，【d】但禁止我生育。所以，我不是任何意义上的有智慧的人；我也不能把任何配得上智慧之名的发现认领为我自己的灵魂的孩子。但那些与我为伴的人情况不一样。他们中有些人一开始的时候显得无知和愚蠢；而随着时间的流逝和我们之间交往的持续，他们全都蒙神之青睐而取得进步——这种进步令人惊讶，别人感到奇怪，他们自己也感到奇怪。不过有一点是清楚的，这不是由于他们向我学到了什么，而是在他们自身中发现了众多美妙的东西，把他们生了下来。但是，在神的保

---

① 幻影（εἴδλα）。

② 真相（ἀληθινά）。

佑下，帮他们接生的是我。【e】关于这一点的证明可以在许多事例中看到，这些人不明白这一事实，把所有功劳算作他们自己的，而认为我没什么用。他们在不该离开我的时候就离开了，要么出于自愿，要么受到其他人的影响。离开我以后，他们结交恶伴，结果就是他们身上存留的东西流产了；他们还抛弃了我帮他们接生的孩子，失去了这些孩子，因为他们更看重谎言和幻影，胜过看重真相；最终他们确实就成了无知的傻瓜，他们自己这么看，其他人也都这么看。【151】吕西玛库①之子阿里斯底德②就是这样一个人，还有许多人也是这样。他们有时候回到我这里来，费尽心机想要重新与我为伴。这种事情发生的时候，我的灵异在有些情况下禁止我与他们交往，在有些情况下允许我与他们交往，然后，他们又开始取得了进步。

还有另一点，那些与我为伴的人很像产妇。他们承受着分娩之痛，日夜困惑；他们的不幸远胜于产妇。我的技艺能够引起这种痛苦，也能消除这种痛苦。

【b】嗯，他们发生的事情就是这样；不过，时不时地，泰阿泰德，我碰到过一些人，这些人在我看来没有怀孕。所以我明白了，他们根本不需要我，而我还抱着良好的愿望为他们撮合；我想我很擅长——有神的保佑——猜准与谁为伴对他们有利。我已经把他们中的许多人打发到普罗狄科③那里去了，还打发到其他许多智者和通灵者那里去。

嗯，我的好孩子，话已经说得很长了；但我这么做的原因是，我怀疑（就像你自己想的一样）你是否怀了孕，正在分娩。【c】所以我想要你到我这里来，尽你所能回答我的提问，我既是一位产婆的儿子，本人又擅长这门技艺。在考察你说的话时，我可能会认为这是一个幻影，而

---

① 吕西玛库（Λυσίμαχος），人名，《拉凯斯篇》谈话人。

② 阿里斯底德（Αριστείδης），人名，苏格拉底在《拉凯斯篇》（178a—179b）中讨论过两位年轻人的教育，阿里斯底德是其中一位。

③ 普罗狄科（Πρόδικος），若名智者，参阅《普罗泰戈拉篇》315d，337a—c，340e—341c，358a—b。

不是真相，悄悄地把它引产，将它抛弃。如果发生这种事，请别说我残忍，就像一位失去头生子的母亲。你要知道，人们以前经常这样对待我，每当我消除了他们愚蠢的念头或其他怪胎，他们就打算咬我一口。【d】他们决不相信我这样做完全是出于善意，更不明白神决不会恶意待人，哪怕我出于恶意没做这种事，那也是因为我不允许接受谎言和埋没真相。

所以，重新开始吧，泰阿泰德，试着说出什么是知识。别找任何理由说你做不到。只要有神的恩准，你是个男子汉，你一定能做到。

　泰　好吧，苏格拉底，有你这样的鼓励，【e】如果还有人不设法把自己的想法说出来，那太丢脸了。现在，依我看，认识某个事物的人感受到他认识的事物，所以，知识无非就是感觉。①

　苏　回答得好，很坦率，我的孩子。说心里话就要这样。不过，现在让我们一起来看一下，看它究竟是"活卵"还是"风卵"②。你认为，知识就是感觉，对吗？

　泰　对。

　苏　但是你瞧，你对知识的解释不是普通人的解释，而是普罗泰戈拉③曾经坚持的看法。【152】他说的意思和你相同，只不过说的方式不一样，"人是万物的尺度，是存在的事物存在的尺度，也是不存在的事物不存在的尺度。"④ 你当然读过这句话，是吗？

　泰　是的，读过好几遍。

　苏　那么你知道，他把他的意思说成这样的，每个事物对我显得怎样，那么对我而言它就怎样，它对你显得怎样，那么对你而言它就怎

---

① 认识（ἐπίστασθαι），感受（αἰσθάνεσθι），知识（ἐπιστήμη），感觉、感性知觉（αἴσθησις）。

② "活卵"是受精卵，能存活，有生命力，"风卵"是未受精卵，没有生命力。

③ 普罗泰戈拉（Πρωταγόρας），著名智者，约生活于公元前490—420年。

④ 是什么样的（ἔστι），该词是个多义词，有"在"、"是"、"真"等多种含义。译者在有具体时空的语境中译为"在"、"存在"、"在者"。相关讨论参阅拙著：《跨文化视野下的希腊形上学反思》，人民出版社2014年版，第六章。

样——你我各自都是人，对吗？

泰　对，他就是这个意思。

苏　【b】嗯，一个有智慧的人不像会胡说八道。所以，让我们跟上他。有时候，一阵风吹来，我们中间的一个人感到冷，另一个人感到不冷，不是吗？或者，我们中间的一个人感到相当冷，另一个人感到非常冷，不是吗？

泰　确实是。

苏　那么好吧，在这种情况下我们要说风本身，就其自身而言，是冷的还是不冷的？或者说我们要听普罗泰戈拉的话，说风对感到冷的那个人来说是冷的，风对感到不冷的另一个人来说是不冷的吗？

泰　看起来我们好像必须这么说。

苏　这就是风对我们每个人显得如何吗？

泰　是的。

苏　但是，"它显得"的意思是"他感到"吗？

泰　是这个意思。

苏　【c】那么，事物的显现与感觉是一回事，在热和相似的事物中。所以，结果显然就是，对每个人来说，存在的事物就是他感觉到的那个样子。

泰　好像是这样的。

苏　那么，感觉总是对存在的事物的感觉，感觉是无误的——就其是知识而言。

泰　没错。

苏　美惠女神①在上！普罗泰戈拉是那些无所不知的人之一吗？他也许是在把这句话当作哑谜让我们这些凡夫俗子猜，而把他的《论真理》当作一种秘密的学说启示给他的门徒，是这样吗？

泰　【d】你这样说是什么意思，苏格拉底？

---

①　美惠女神（Χάριτων），赐予美丽、快乐、恩惠的三位女神，她们的名字是阿格莱亚（Αγλαϊα），欧律洛绪涅（Εὐφροσύνη），塔利亚（Θαλία）。

苏　我会告诉你的，嗯，这肯定不是一种普通的理论——我指的是：没有任何事物凭其自身就是一个事物；你也不能正确地称呼任何一个或一种事物。要是你把一个事物称为大，它会显示自身为小，要是你称它为重，它会经常显示为轻，其他事物莫不如此，因为没有任何事物是一，或者是一种事物。事物的真相是这样的：【e】我们很自然地说"是什么样的"事物，均处于变易的过程中，是运动、变化、彼此混合的结果。我们说它们"是什么样的"是错的，因为无物常住，一切皆变。

关于这一点，让我们注意这样一个事实，以往所有有智慧的人均持同样的看法，唯有巴门尼德①例外。让我们注意，站在这一边的有普罗泰戈拉、赫拉克利特②、恩培多克勒③，还有两类诗歌的大师，写喜剧的厄庇卡尔谟④与写悲剧的荷马。因为荷马说"俄刻阿诺乃众神之祖，而众神之母是忒提斯"⑤这个时候，他把一切事物都视为流动和变化的产物。或者说，你认为他不是这个意思？

泰　噢，我认为他是这个意思。

苏　【153】要是有谁向这样一支军队——以荷马为首——发起挑战，他怎能不让自己成为傻瓜呢？

泰　这决非易事，苏格拉底。

苏　确实不易，泰阿泰德。你瞧，这种理论有相当好的证据："存

---

① 巴门尼德（Παρμενίδης），著名哲学家，鼎盛年在第 69 届奥林比亚赛会期间（公元前 504—前 501 年）。

② 赫拉克利特（Ἡράκλειτος），著名哲学家，鼎盛年在第 69 届奥林匹亚赛会期间（公元前 504—前 500 年）。

③ 恩培多克勒（Ἐμπεδοκλέα），古希腊著名哲学家，鼎盛年在第 84 届奥林比亚赛会期间（公元前 444—前 441 年）。

④ 厄庇卡尔谟（Ἐπίχαρμος），公元前 530—前 440 年，喜剧诗人。他以诙谐方式表达了万物皆变的看法。在剧中，他让负债者声称，自己与当初借债的那个人已经不是同一个人了。

⑤ 俄刻阿诺（Ωκεανός），大洋神，忒提斯（Θέτις），河神之母。荷马：《伊利亚特》14：201，302。

在"和"变易"是运动的产物，而"非存在"和"毁灭"是静止状态的结果。"热"或者"火"这个事实也是这种理论的证据，它们产生并支配其他所有事物，而其本身又出自移动和摩擦——这些都是运动。或者，我说这些运动是火的最初源泉说错了吗？

泰 【b】噢，不，它们肯定是。

苏 再说，生灵的成长依赖同样的源泉吗？

泰 的确。

苏 还有，身体的状况由于静止和懒惰而受损、由于锻炼和运动而尽可能地保持，不对吗？

泰 对。

苏 灵魂的状况怎么样？它不是通过学习和研究（这些都是运动）而获得知识，得以保持，并且变得较好吗？【c】而处于静止状态，亦即不研究或不学习，它不仅不能获得知识，而且连已经学到的东西都忘了吗？

泰 确实如此。

苏 所以，我们可以这样说吗，一样东西，也就是运动，对身体和灵魂都是有益的，而另一样东西产生相反的效果？

泰 对，看起来是这样的。

苏 对，我要继续向你指出，静止给陆上的天气和大海带来这样的结果。我要向你说明这样的状态如何使事物腐败和衰亡，而相反的状态使事物得以保全。最后，我要为我的论证戴上一顶王冠，引用荷马的"金索"①，我认为他的金索无非就是太阳，他指出只要苍穹还在旋转，太阳还在运动，【d】天上地下的一切事物就会存在，就得以保全，但若它们被捆住了，趋于静止，万物就会被摧毁，而这个世界，如谚语所说，也就天翻地覆了。你同意吗？

———————

① 荷马：《伊利亚特》8∶17—27。宙斯对众神自夸，若将金索垂下天庭，他能把大地、大海和众神一起拖上来，再把金索系于奥林波斯山顶，把所有东西吊在半空中。

泰　我同意，苏格拉底，我认为这段话是这个意思。

苏　那么，我的朋友，你必须以这种方式来理解我们的理论。一开始，在视觉领域，你会很自然地不把白颜色本身当作一个独特的实在，【e】在你的眼睛之外或在你的眼睛之内。你必定不会赋予它具体的位置；因为这样的话，它当然就不会处于某个具体的位置，也就不会处在变易过程之中。

泰　你这是什么意思？

苏　让我们跟着我们刚才说过的话①往下说，我们确定，没有任何事物凭其自身就是一个事物。按照这种理论，黑、白，或其他任何颜色，通过处于某种适宜运动的眼睛的冲击而产生，【154】而被我们很自然地称作一种具体颜色的东西，既不是冲击者，又不是被冲击者，而是在二者之间生成的东西，它对每个个别的感觉者都是独特的。或者说你打算坚持这个主张，对一只狗或者其他任何动物显现的每一种颜色与对你显现的颜色相同吗？

泰　我绝对不会这样认为。

苏　嗯，你甚至确定任何事物对另一个人显得如何，对你也显得如何吗？或者说你宁可认为，哪怕对你自己也没有任何事物会显得自身相同，因为你自己也决不能保持自身相同？

泰　在我看来这种看法比另一种更加接近真理。

苏　【b】嗯，好吧，假定大小、暖、白这样的事物真的属于我们度量或触摸的对象，决不可能发现，在这个对象本身没有发生变化的时候，它就由于与另一事物发生接触而变得不同。另一方面，要是你假定它们属于被度量或触摸的事物，它也绝对不会仅仅由于其他事物的靠近，或者由于前面的事物发生了变化，而变得不同——它本身没有发生什么变化。正因如此，你瞧，我们可以轻易地发现我们自己被迫要说出极为荒唐可笑的话来，就像普罗泰戈拉和任何持相同观点的人会指出的那样。

---

①　参阅本篇152d。

泰　你什么意思？有什么荒唐可笑？

苏　【c】让我给你举个简单的例子来说明我的意思，其他意思你自己就能明白。比如这里有六只骰子。拿四只骰子放在它们边上，那么我们说它们比四只骰子多，而且比四只骰子多了一半；但若在它们边上放上十二只骰子，我们说它们比十二只骰子少，只有十二只骰子的一半。其他就没什么可说了——或者说你认为有什么可说的吗？

泰　我没什么可说的。

苏　那么好吧，假定普罗泰戈拉或其他人问你这个问题："泰阿泰德，除了被增加，有什么事物能有可能变得较大或较多吗？"【d】对此你的回答是什么？

泰　嗯，苏格拉底，如果需要回答当前这个问题，我会说"不可能"；如果联系前面那个问题，为了避免自相矛盾，我会说"可能"。

苏　赫拉在上！你回答得很妙，我的朋友。你通灵了。不过，我想，要是你回答"可能"，那么它就像欧里庇得斯剧中的插曲①——口服心不服。

泰　对。

苏　如果你我都是行家，已将心中所有想法详细考察，【e】那么我们应当把剩余的时间用来相互考验，我们应当按照智者的路数，让我们的论证相互碰撞。但由于我们只是普通人，所以我们的第一目标就是来观看我们的思想与其自身的关系，看它们到底是什么——在我们的观念中，它们之间是相互协调的，还是完全冲突的。

泰　我的目标也是这个，不管怎么说。

苏　我也是。既然如此，我们的时间又不紧，【155】何不平心静气、耐心地重新思考这个问题，对我们自己进行严肃的省察，问我们身上的这些幻象②是什么？当我们考察它们的时候，我假定我们可以从这个陈述开始，第一，没有任何事物有可能在体积或数量上变得较大或较多，

---

① 参阅欧里庇得斯：《希波吕特》，残篇612行。

② 幻象（φάσματα），亦译幻影，表象。

只要它与自身相等。不是这样吗?

泰　是的。

苏　【b】第二,我们应当说,某个没有增加什么也没有减少什么的事物,既没有增加也没有减少,而是保持相等。

泰　是的,确实如此。

苏　第三,某个事物以前没有发生变异而不存在,也没有经历任何变易的过程,这个事物一直存在是不可能的吗?

泰　我认为是可能的。

苏　嗯,在我看来,当我们谈论那个骰子的例证时,我们承认的这三个陈述就在我们灵魂中打架;或者我们这样说,一年之内,我(一个成年人)没有增加也没有减少,比你(只是一个孩子)大,然后比你小——尽管我没有失去什么,但是你长大了。【c】这就意味着,后来那个我不是先前那个我了,但我现在也没有变易——现在没有变易也就不可能已经变易,没有承受任何体形上的损失,我决不可能变小。要是我们承认这些陈述,那么还有无数这方面的例子。我想,你跟得上我的话,泰阿泰德——我认为你肯定熟悉这一类难题。

泰　噢,对,确实如此,我经常发了疯似的感到惊讶,不知道这些话到底是什么意思;有时候一想起来就头晕,眼花缭乱。

苏　【d】我敢说你会这样的,我亲爱的孩子。塞奥多洛在猜测你是哪种人的时候,似乎并未远离真相。因为这种惊讶是一种体验,是哲学家的一个特点,哲学起源于惊讶,而非其他。把伊里斯说成是萨乌玛斯的孩子的那个人,作为一位系谱学家,也许不太差。① 不过,你现在还没有开始明白吗,按照我们归于普罗泰戈拉的理论,该如何解释这些难题?

---

① 　赫西奥德:《神谱》265。伊里斯(Ἶρις),是彩虹女神,众神的信使。彩虹贯穿天地间,象征启发人的智慧,使其走向光明。萨乌玛斯(Θαύμας),神名,与惊讶(θαῦμα)同源。柏拉图认为哲学起源于惊讶,所以说,伊里斯是萨乌玛斯的女儿。

泰 我还没有。

苏 【e】那么我敢说你会对我感恩的，要是我帮你发现一位伟大人物的思想的隐秘真相——也许我得说，一群伟大人物，会吗？

泰 那当然了，苏格拉底，我会非常感谢你。

苏 那么，你看一下周围，确信没有任何门外汉在听我们谈话——我指的是这样一些人，他们认为，除了他们能用双手把握的事物之外，无物存在；他们也不承认行为、变易过程，乃至整个不可见的领域在实在中有任何位置。

泰 【156】这些家伙肯定很固执，苏格拉底。

苏 他们是这样的，我的孩子——没有教养。但我下面就要向你介绍的其他人要精明得多，他们的奥义始于这样一条原则，我们刚才说的一切也依赖于这个原则：万物皆流，无物不动。运动有两种形式，各有无数杂多的事例，但其区别在于力量，一种是主动的，另一种是被动的。从这二者的相互结合与摩擦中产生无数的后果，不过都是成双成对的，【b】一方面是被感觉的东西，另一方面是关于它的感觉，感觉在各种情况下均与被感觉的东西一道产生，一道显现。对感觉来说，我们有"视觉""听觉""嗅觉""冷感""热感"这样一些名称；还有所谓的快乐与痛苦、欲望与恐惧，等等；其他还有很多，许多有名称，许多没有名称。对被感觉的事物来说，这些感觉中的每一个感觉察觉到有着同样来源的事物，因为各种视觉有相应的各种颜色，【c】各种听觉有相应的各种声音，对各种其他感觉有其他被感觉的事物，它们相互之间有亲缘关系。

嗯，从我们现在的观点来看，这个故事的真正含义是什么，泰阿泰德？它对我们前面说的观点意味着什么？你看得出来吗？

泰 我不是很清楚，苏格拉底。

苏 那么，你往这边看，让我们来看能否把这个故事说全了。假定，它想要表达的意思是这样的。一切事物，如我们刚才说的那样，均处在运动之中，不过它们的运动有快有慢。慢的事物，其运动在同一个地方，与其他周围的事物直接相关，【d】以这种方式，它产生出来的事

物及其后果是快捷的，当它们在空间移动时，它们的运动采取空间运动
的方式。

这样，眼睛和某个其他事物——那些用眼睛来度量的事物中的一
个——成为邻居，既产生了白色，又产生了凭其本性与其共生的白色的
感觉（如果眼睛和它靠近的事物是其他别的东西，那么白色和白的感觉
决不会产生）。在这个事件中，运动在二者之间的空间产生，来自眼睛
的视力与来自事物的白色一道产生了颜色。眼睛充满了视力，在它看
的那一刻，它不是变成了视力，而是变成了一只在看的眼睛；【e】而它
的产生颜色的伙伴充满了白色，它没有变成白色，而是变成了白的东
西——无论是一根木棍、一块石头，或者其他任何正巧有这种颜色的
东西。

【157】我们必须明白这个解释也以同样的方式适用于"硬"、"热"
和其他每个事物；如我们前面所说的那样，没有任何事物凭其自身就是
一个事物。① 所有事物，无论属于哪一种，都是通过相互联系，作为运
动的结果产生的。哪怕是在主动的和被动的运动不可能的情况下亦如
此，如他们所说，因为他们以为，逐一拿来这些事物，把它固定下来，
就是事物了。被动者在遇上主动者之前都不是被动者，主动者在没有和
被动者产生联系之前都不是主动者；去和某个事物发生联系的事物是主
动的，当它被别的事物联系的时候，它表明它自身是被动的。

所以，无论你转向何处，如我们一开始所说，没有任何事物凭其
自身就是一个事物；【b】一切事物相对于某个事物而言发生变化。"是"
这个动词必须全然放弃——尽管由于习惯和无知，我们不止一次地使
用它，甚至在我们刚才的讲话的时候也是这样。这些智者告诉我们，
这样做是错的，我们一定不能允许使用"某事物""某事物的""我
的""这""那"，或其他任何使事物固定的名称。倒不如说，我们应当
而且要按其本性把事物说成"变化的""被产生的""逝去的""变易的"；
因为要是你以这样一种方式使事物固定下来，你就很容易遭到驳斥。这

---

① 参阅本篇 152d。

个道理既可用于个别事物，也可以用于多个事物的集合①——【c】这样一种集合，我指的是"人"或"石头"这样的类别②，或者是人们赋予不同动物和事物类别的名称。嗯，泰阿泰德，这些东西在你看来是美味佳肴吗，你能试着尝一尝吗？

泰 我真的不知道，苏格拉底。我甚至不太明白你的用意——你说的这些事情，你本人也这么认为，还是只是说出来考验我的。

苏 你忘了，我的朋友。我本人对此类事情一无所知，也不敢声称哪样看法是我自己的。我在理论上是不生育的，我的事情就是帮你接生。所以我对你念咒，从那些有智慧的人那里弄来各道美味佳肴供你品尝，直到我帮你成功地生下你自己的见解。【d】你的见解生下来以后，我会考察它是活卵还是风卵。不过，你一定要勇敢，有耐心，无论我问什么，你都要把你的想法说出来，像个男子汉那样。

泰 行，你继续问吧。

苏 那么，请你再次告诉我，你是否喜欢这样的建议，好的事物、美的事物，或者我们刚才说的所有事物，都不能说成"是"什么的，而是始终处于"变化"之中。

泰 嗯，听下来，我在听你的解释时感到特别有道理，我感到必须接受你对这个问题的处理。

苏 【e】在这种情况下，我们最好不要在我们的理论还不完善的时候就放过任何观点。我们还没有讨论过做梦、疯狂，以及其他疾病问题，还有幻听、幻视或其他幻觉。我假定，你知道所有这些众所周知的例子都可以用来驳斥我们刚才解释的理论。【158】因为在这些情况下，我们拥有的感觉肯定是假的。所以，决非一切事物对某个人显得如何，它便如何。而是正好相反，对他显示的事物没有一样是真的。

泰 你说得非常正确，苏格拉底。

苏 那么好吧，我的孩子，那些主张感觉就是知识、事物就是它对

---

① 集合（ἄθροισμα），亦译"整合"。

② 类别（εἶδος），这个词就是柏拉图的"型相"。

某人显现的那个样子的人还有什么论证剩下来呢？

　　泰　嗯，苏格拉底，我不太愿意告诉你我不知道该说什么，【b】因为我刚才这样说的时候就碰上麻烦了。但我真的不知道如何为这种建议争辩，疯子以为自己是神，做梦的人想象自己长了翅膀，在梦中飞翔，并非因为他们形成了假判断①。

　　苏　但在这里有一点是可以争辩的，尤其涉及做梦和真实的生活——你看不出来吗？

　　泰　你是什么意思？

　　苏　有一个问题你肯定经常听人问起——这个问题是，要是有人问我们当前，此刻，是睡着了，【c】在梦中想事儿，还是醒着，相互谈论各自的真实生活，对此我们能提供什么样的证据。

　　泰　是的，苏格拉底，我们想要在这里找到证据肯定很难。这两种状态的所有方面都是对应的。没有任何事情能阻止我们认为，我们刚才进行的这场谈话是在梦中进行的。我们在做梦的时候讲了一个做梦的故事，这两种体验极为相似。

　　苏　你瞧，我们要找到可争辩的地方并不难，【d】甚至连它到底是真实生活还是在做梦都可以争辩。我们确实可以说，由于我们睡觉和醒着的时间一样长，灵魂在任一时期持有的信念都极为真实，所以针对我们生活的这一半时间，我们断定有一整套实在的东西②，针对另一半时间，我们有另一套实在的东西。我们在两种情况下都持有同等的信心。

　　泰　确实如此。

　　苏　除了时间长短不同，同样的论证不也可以用于疾病和疯狂吗？

　　泰　是这样的。

---

①　判断（δοξάζειν），动词，灵魂就某个事物形成判断、意见、想法、信念。本篇通译"判断"，主要考虑柏拉图使用"感觉"这个概念含有"感性知觉"的意思在内。感觉不是判断，但感性知觉可以"判断"，不区分感觉和知觉，认为感性认识不能下判断，从而突出感觉的"认信功能"，将δοξάζειν只译为"认信"不妥。

②　实在的东西（ὄντα）。

苏　那么好吧，我们要用时间长短来确定真的边界吗？

泰　【e】这样做会很滑稽。

苏　但是，你能提出其他某个清晰的指标来表明这些信念中哪一个是真的吗？

泰　我想我不能。

苏　那么你就听我的，我会告诉你那些人会怎么说，他们主张，一个人在任何时候想到任何事物，这个事物对他来说就是真的。我想他们会问你这样的问题："嗯，泰阿泰德，假如你有某个事物，它与其他事物完全不同。它能在任何方面与其他事物拥有相同的力量吗？"请注意，我们说的这个事物不是在某些方面与其他事物不同、在其他方面与其他事物相同，而是完全不同。

泰　【159】嗯，要是它是一个完全不同的事物，那么它不可能有任何相同之处，无论是它的力量还是在其他方面。

苏　我们岂不应该承认这个事物不像其他事物吗？

泰　应该承认。

苏　现在假定一个事物正在变得像或不像其他事物，无论对它本身还是对别的事物而言；我们要说当它长得像其他事物时，它正在趋向于相同，当它长得不像其他事物时，它正在趋向于不同吗？

泰　必定如此。

苏　我们之前不是说过，有许多因素是主动的，有许多因素是被动的，这些因素在数量上无限吗？

泰　对。

苏　还有，当一个事物一会儿与一个事物混合，一会儿与另一个事物混合，它每一次产生的事物不会是相同的，而是不同的吗？

泰　【b】确实如此。

苏　好吧，现在让我们把同样的说法用到你、我，或其他事物头上。比如，一个苏格拉底生病了，一个苏格拉底身体健康。我们会说健康的苏格拉底像或不像生病的苏格拉底吗？

泰　你的意思是用整个生病的苏格拉底与健康的苏格拉底进行比

较吗？

苏　你的理解完全正确，我就是这个意思。

泰　那么，我假定，不像。

苏　由于他不像，所以他不同吗？

泰　不同，接着就是不同。

苏　【c】如果他在睡觉，或者处于我们刚才列举过的任何状态，你也会这样说吗？

泰　我会这样说。

苏　那么这样说必定也是对的吧，当任何一个天然主动的因素发现了身体健康的苏格拉底，它就与一个我打交道，当它发现了生病的苏格拉底，它就在与一个不同的我打交道？

泰　对，肯定是这样的。

苏　那么，在这两个事件中，作为被动者的我本身和作为主动者的那个因素之间的结合会产生不同的事物？

泰　当然会。

苏　要是我身体健康时喝酒，酒对我显得愉悦和甘甜吗？

泰　【d】是的。

苏　按照我们前面同意的观点，这是由于主动的和被动的因素同时运动，产生了甘甜和甘甜感；在被动者这一方，感觉使舌头成为感受者，而在酒这一方，甘甜在酒中的运动既使酒是甘甜的，又使它对健康的舌头显现为甘甜感。

泰　这确实是我们刚才的共识。

苏　但是，这个主动的因素发现苏格拉底生病了，那么，从一开始，它遇上的人严格说来就不是同一个人，对吗？因为，如我们所说，它遇上了一个不像的人。

泰　对。

苏　【e】那么，假定，这一对事物，生病的苏格拉底和酒浆，再次产生了不同的事物：在舌头的区域产生了苦感，苦在酒的区域内产生，并在那里运动。酒不是变成苦，而是变成苦的；而我不是变成感觉，而是变成感受者。

　　泰　对，是这样的。

　　苏　我决不会再次变成其他任何事物的这个感受者。【160】其他事物的感觉是另一个感觉，会产生另一个变化了的感受者。还有，在对我作用的情况下，在与其他事物联系的时候，它也决不会产生同样的事物，它本身也决不会变成现在这个样子。它从其他事物会产生别的事物，它本身变成了一个变化了的事物。

　　泰　是这样的。

　　苏　我不会变成我本身，它也不会变成它本身。

　　泰　不会。

　　苏　但是，当我变成感受者的时候，我必定变成某个事物的感受者；我不可能变成了感受者，【b】但却没有感觉到任何事物。还有，当它变成甜、苦，或其他任何这类东西时，必定是对某人变成这样的，因为它不可能变成甜，但却不对任何人。

　　泰　绝不可能。

　　苏　那么，剩下要说的是我和它，我们是否实在，我们是否变化，我们的实在和变化是否为了对方。按照必然性的尺度，我们的实在与一名合作者捆绑在一起；然而我们既不与世上的其他任何事物捆绑在一起，也不与我们各自的自我捆绑在一起。那么，剩下的就是我们相互捆绑在一起。因此，无论你对一个事物使用"实在"或者"变化"这个词，你必定也要始终使用"为了某某""关于某某""相对于某某"这些词。【c】你一定不要只谈论任何事物本身的实在或变化，也不要让任何人使用这样的表达法。这就是我们已经解释过的这个理论的意思。

　　泰　这肯定是对的，苏格拉底。

　　苏　那么，由于作用于我就是为了我，而不是为了别人，所以也是我在感觉它，而不是其他任何人吗？

　　泰　无疑如此。

　　苏　那么，我的感觉对我来说是真的——因为它总是一个对我来说独特的实在的感觉；如普罗泰戈拉所说，我是那些为了我而存在的事物的判断者，我判断它们存在，它们就存在，我判断它们不存在，它们就不存在。

泰　好像是这样的。

苏　【d】那么，要是我在思考"是者"或"变者"的时候正确无误，决不会摔跟头，我怎么会在认识我作为感受者的那些事物上犯错误呢？

泰　你不可能犯错误。

苏　嗯，你告诉我们知识无非就是感觉，这真是一个伟大的想法。所以，我们发现各种理论汇聚到同一处来了：荷马、赫拉克利特，以及他们的整个部落，认为万物皆流；世上最聪明的普罗泰戈拉，认为人是万物的尺度；【e】泰阿泰德，认为既然这些事情属实，那么可以证明知识就是感觉。怎么样，泰阿泰德？我们要说这就是我为你接生的头生子吗？或者，你有什么要说？

泰　噢，我没有反对意见，苏格拉底。

苏　那么，看起来，我们的努力终于有了结果——无论它到底是什么。现在它已经出生了，我们必须抱着它，为它举行"绕灶"① 仪式；我们必须真诚地让它经历一番讨论。因为我们一定不要忽视这个存活下来的东西会有某些缺陷，它也许不值得养育，【161】只是一个风卵，一个谬种。你说什么？你认为你的孩子在任何情况下都必须抚养，而不能抛弃？你能忍受看着它接受检查，而不大发雷霆，好像你的头生子要被偷走似的？

塞　泰阿泰德会忍受的，苏格拉底。他绝对不会发火。但是，众神在上，请你告诉我，它有什么不对？

苏　你是一个十足的讨论爱好者，塞奥多洛，你真是太好了，把我当作一个装满论证的口袋，能够轻易地从中取出一个来，【b】告诉你这个理论是错的。但你不明白这是怎么一回事。这些论证决不来自于我，而总是来自与我谈话的这个人。我所知道的无非就是如何从其他人那里

---

①　绕灶（τὰ ἀμφιδρόμια），古代雅典家庭在孩子出生后几天里举行仪式，抱着新生儿绕着炉灶转几圈，并在举行仪式时给孩子命名。

取出一个论证——从某个聪明人那里——适当地加以接受。所以，现在，我建议试着从泰阿泰德那里得到我们的回答，而不是由我来做出我自己的贡献。

塞　这样更好，苏格拉底，按照你说的去做吧。

苏　那么好吧，塞奥多洛，你知道你的朋友普罗泰戈拉的哪件事让我惊讶吗？

塞　【c】不知道，哪件事？

苏　嗯，他对这种理论的总的陈述，我是挺高兴的，对任何个人来说，某个事物就是它向这个人显现的这个样子；但令我惊讶的是他开始陈述的方式。我惊讶的是他没有在他的《论真理》一文的开头说，"万物的尺度是猪"，或者是"狒狒"，或者是一个有感觉能力的更加怪异的生灵。这样的开场白气势恢宏，不可一世。它使我们顷刻之间明白了，当我们对他的智慧惊骇不已，就好像他是神的时候，【d】他实际上并不比一只蝌蚪高明——更别提比其他人高明了。

或者，我们还能说什么呢，塞奥多洛？要是个人依据感觉所作的任何判断对他来说就是真的，要是无人能够比他本人更好地评价其他人的经验，或者能够声称有权考察其他人的判断，看它是对还是错，要是如我们已经反复说过的那样，只有个人自己能够判断他自己的世界，而他的判断始终是对的、正确的，那么，我的朋友，【e】普罗泰戈拉怎么能是一个有智慧的人，他如此聪明，乃至于可以认为他自己适宜成为其他人的教师，应当得到大量学费；而我们，与他相比是无知的人，应当去投靠在他的门下，尽管我们自身每个人都是自己的智慧的尺度？我们能避免这样的结论吗，普罗泰戈拉说这样的话只是在哗众取宠吗？关于我自己的情况和我的助产术，关于我们看起来有多么愚蠢，我就什么都不说了。我认为，整个哲学讨论也是这样。当每个人都是正确的时候，考察和试图驳斥其他每个人的印象和判断——【162】确实多此一举，荒唐可笑，要是普罗泰戈拉的《论真理》是对的，而非只是玩笑般的一道神谕，来自这本书的不可穿越的神龛。

塞　普罗泰戈拉是我的朋友，苏格拉底，如你刚才所说。我不能同意在我的许可下让他受到驳斥，然而我也不应该打算违心地抗拒你。所以，你还是再找泰阿泰德吧。他刚才好像能够跟上你的意思，对你富有同情心。

　　苏　**【b】**嗯，塞奥多洛，假定你去了拉栖代蒙，访问那里的摔跤学校。你认为，坐在那里观看其他人裸体锻炼——他们中有些人没什么可看的——拒绝和他们一道脱去衣裳，抓住机会让人们观看你的形体，这样做对吗？

　　塞　为什么不行，要是我能说服他们让我自己来选择？同样的道理，我现在希望能够说服你，允许我当个旁观者，而不是拉着我进竞技场，毕竟我的肢体都已经僵硬了；你还是找个比较年轻、比较灵活的人吧。

　　苏　好吧，塞奥多洛，常言道，"己所不欲，勿施于人。"①**【c】**所以，我们必须再次求助于聪明的泰阿泰德。来吧，泰阿泰德。首先，想一下我们已经说过的话，告诉我，突然发现你自己与其他任何人，甚至和神，在智慧上是平等的，你不感到惊讶吗？或者你认为普罗泰戈拉的尺度不能像用于人那样用于神？

　　泰　我认为肯定不能。不过，回答你的问题，是的，我惊讶极了。**【d】**我们在解释一个事物对每个人来说就是它向他显现的这个样子这条原则的含义时，这条原则对我显得非常健全。不过现在，突然间好像反过来了。

　　苏　对，因为你太年轻，我的孩子，容易听从公开的演讲，并且被说服。普罗泰戈拉，或者他的代言人，会这样回答我们。他会说："在座的老少爷们，**【e】**你们在一起搞演说，把众神都扯了进来，他们的存在或不存在，我拒绝加以任何讨论，无论是书面的还是口头的；②你们

①　原文直译为："你喜欢的事情我也不会厌恶。"
②　参阅第欧根尼·拉尔修：《名哲言行录》9：51。"关于众神，我既不能知道他们存在还是不存在，也不知道他们像什么样子，因为知识有许多障碍，这个话题是晦涩的，人生是短促的。"

净说些大众易于接受的事情，要是告诉他们没有人比其他禽兽更聪明，那可真是一件令人震惊的事情；不过，话语不是证据，也不是必然的。你们只依赖可能性；要是塞奥多洛或者其他几何学家在他的科学部门中间这样做，那么他这个几何学家一钱不值。"所以，你和塞奥多洛最好考虑一下，在如此重大问题上，【163】你们是否只接受或然的论证或者接受说服。

泰　你不会说我们跟这种做法有什么关系，苏格拉底，我们也不会说。

苏　那么，看起来，你和塞奥多洛会说我们的批评要走另外一条路线吗？

泰　肯定会的。

苏　那么，这里有另一条道路我们可以考虑，知识与感觉到底是相同的还是不同的——就是这个问题贯穿我们的论证，不是吗？不也就是由于这个缘故，引发了我们所有这些奇谈怪论吗？

泰　【b】无疑如此。

苏　嗯，好吧，我们要同意，当我们通过看和听感知事物时，我们同时也就认识了它们吗？举例来说，听到人们在讲一种我们没有学过的外语。他们讲话时，我们要说我们没有听到他们的声音吗？或者说，我们既听到了声音，又知道他们在说什么？还有，假定我们不认识我们的字母，当我们看到字母的时候，我们要坚持说没看见它们吗？或者说，我们要坚持，如果我们看见它们，我们也就认识它们吗？

泰　我们会说，苏格拉底，我们只认识了我们看到和听到的东西。【c】我们看见并认识了字母的形状和颜色；在讲话的时候我们既听见又认识了声音的起伏。而老师或翻译对我们谈论字母，我们不能凭借看或听来察觉，我们也不能认知。

苏　确实很好，泰阿泰德。在你的进步过程中，我应该对你的看法提出反对意见。不过，你瞧，我们面临另一个困难。你必须考虑我们该如何克服？

泰　什么样的困难？

苏 【d】我的意思是这样的。假定有人问你，"要是一个人曾经知道某个事物，而且继续保留在记忆中，在他记得这个事物的那一刻，他有可能不认识他记得的这个事物吗？"我这样说恐怕太累赘了。我想问的是，"一个认识某事物的人，在他还记得的时候，有可能不认识它吗？"

泰 怎么会有这种事呢，苏格拉底？要是这样的话，那真是太奇怪了。

苏 那么，也许是我在胡说八道？不过，你还是想一想。你说看就是察觉、视觉就是感觉吗？

泰 对。

苏 【e】那么一个曾经看见某个事物的人知道他看见的东西吗，按照你刚才的说法？

泰 对。

苏 但你确实说——或者不说——有这样一种叫作记忆的事物吗？

泰 对。

苏 记忆是不关于任何事物的吗？或者是关于某个事物的？

泰 当然是关于某个事物的记忆。

苏 也就是说，关于某人知道的事物的，亦即"某个事物"被察觉？

泰 当然。

苏 所以，我要这么说，一个人曾经看见的东西，他会时不时地回忆起来吗？

泰 他会。

苏 哪怕他闭上眼睛？或者说，当他闭上眼睛的时候，他就忘记了？

泰 这样说太奇怪了，苏格拉底。

苏 【164】然而我们必须这么说，如果我们想要抢救我们前面的说法。否则，它就完了。

泰 宙斯在上，我也开始怀疑了，不过我还不太明白。你再解释一下。

苏　原因在此。按照我们的说法，这个看的人在看的时候获得了他看到的事物的知识，因为看、感觉和知识是同一样东西。

泰　确实如此。

苏　但是，这个看并获得他所看事物的知识的人，要是他闭上眼睛，他还记得那个事物，但并不在看它。不是这样吗？

泰　是这样的。

苏　【b】如果"看"就是"知"，那么说他"不看"就是说他"不知"吗？

泰　对。

苏　所以我们有了这个结果，一个认识某个事物并且仍旧记得它的人不知它，因为他没有看它吗？这就是我们说的十分奇怪的事。

泰　完全正确。

苏　那么，把知识等同于感觉，我们显然就会得出不可能的结果吗？

泰　好像是这样的。

苏　那么，我们不得不说知识是一样东西，感觉是另一样东西吗？

泰　对，应当这么说。

苏　【c】那么，什么是知识？看起来，我们不得不再次从头开始。不过——无论我们怎么想，泰阿泰德？

泰　你这是什么意思？

苏　我们就像调教不良的斗鸡，尚未交战便逃离理论，在取胜之前就长啼不止。

泰　我们是怎么做的？

苏　我们好像采用了职业辩论家的方法；我们达成一致意见，旨在使我们的用语完全一致；我们自鸣得意，以为用这种方法我们已经打败了这种理论。我们自以为是哲学家，不是辩论冠军，【d】而不明白我们做的事正像那些能干家伙的所作所为。

泰　我还是不太明白你的意思。

苏　嗯，我会试着解释我心里的想法。我们刚才在考察一个人是否不知他知道和记得的某个事物。我们指出，一个人看见某个事物，然后闭上眼睛，他虽然还记得这个事物，但没有在看它，这就表明在这个时候他不知道它还记得的这个事物。我们说，这是不可能的。所以，普罗泰戈拉的神话破灭了，你的神话也破灭了，因为你把知识等同于感觉。

泰 【e】看起来是这样的。

苏 但是，我认为这种情况不会发生，我的朋友，要是前一位神话之父① 仍旧活着。他会寻找大量武器来捍卫它。就好像它是一个孤儿，而我们把它踩在泥淖里。甚至连普罗泰戈拉指定的监护人也不来救它，比如，在这里的塞奥多洛。所以，为了公道起见，只好由我们自己来拯救它了。

塞 【165】我认为你必须这样做。你知道，苏格拉底，不是我，而是希波尼库之子卡里亚②，才是普罗泰戈拉的遗孤的受托人。实际上，我很快就从抽象的讨论转向几何学了。但若你能抢救这个孤儿，我感谢不尽。

苏 很好，塞奥多洛。你现在能关注一下我的抢救工作吗——我又能做点儿什么呢？因为，要是在肯定和否定的时候像我们经常习惯的那样不注意措辞，就有可能得出比我们更加骇人的结论。要我告诉你这是怎么发生的吗？或者说，我要告诉泰阿泰德？

塞 告诉我们俩吧，苏格拉底；不过年轻人会比较好地回答你的问题。【b】他要是出了差错，也不那么丢脸。

苏 嗯，好吧，这就是最骇人的问题。我想，这个问题是"一个知道某事物的人有可能不知道他知道的这个事物吗？"

塞 我们该如何回答，泰阿泰德？

泰 我认为，这是不可能的。

苏 不是不可能，如果你承认看就是知的话。如果某个顽强的人

---

① 指普罗泰戈拉。

② 卡里亚（Καρια），希波尼库之子，雅典富商，智者赞助人，参阅《申辩篇》20a；《普罗泰戈拉篇》311a。

用一个无法逃脱的问题使你"落入陷阱"，如他们所说的那样，然后用手捂住你的一只眼睛，【c】问你能否用被捂住的这只眼睛看见他的袍子——你会怎么回答？

泰　我会说，我不能用这只眼睛看，但我用另外一只眼睛看。

苏　所以，你在同一时候既看又不看同一事物吗？

泰　嗯，对，我就是这么做的。

苏　他会说："这不是我要问的，我问的不是它以什么方式发生。我问的是，你不知道你知道的东西吗？"你现在似乎在看你不在看的东西，你实际上承认看就是知，不看就是不知。我让你自己来得出结论。

泰　【d】噢，我得出了一个与我的预设相反的结论。

苏　诸如此类的事情还会不止一次地对你发生。有人会问你，有无可能既清楚又模糊地知道，是否只能认识眼前之物而不能认知遥远之物，有无可能既强烈又微弱地认识同一事物。一旦你把知识等同于感觉，这个论战中的雇佣兵会对你进行伏击，向你提出其他无数的问题。他会针对听觉、嗅觉，以及其他感觉发起进攻，【e】不断地驳斥你，不让你离开，直到你对他的令人妒忌的智慧——那种"应当对许多祈祷者作出"的技艺——钦佩不已，引颈受缚。然后，等他驯服了你，把你捆绑起来的时候，他会要你付钱赎身——要付多少钱就看你怎么跟他商量。你也许会问，普罗泰戈拉本人会用什么样的论证来捍卫他的遗孤。我们要不要试着说一下？

泰　当然要。

苏　好吧，他会和盘托出我们刚才试着为他辩护时说的话；【166】然后，我想象，他会来到我们面前，满脸不屑一顾的样子。我想他会说："好一个苏格拉底，他在这里找了个小孩子来吓唬，问他同一个人能否同时记得某个事物而又不知道这个事物；这个孩子吓傻了，回答说不能，因为他无法预见这个回答会带来什么后果，然后，按照苏格拉底的说法，在这个论证中我就成了笑料。不过，你也太粗心大意了，苏格拉底。【b】事实真相是这样的：当你用问答法来考察我的任何学说时，要是被问的这个人像我一样作出回答而被难住了，那么受到驳斥的是我；但若他作出的回答和我不一样，那么受到驳斥的是他而不是我。

"嗯，从头开始，你期待有人会同意吗，一个人当前对他过去经验到的事情仍有记忆，这个经验更像原初的经验，除非他仍旧在经验它们？远非如此。还有，你假定他会犹豫不决吗，不敢承认同一个人既知道又不知道同一个事物是可能的？或者说——要是他对这一点有所担心——你期待他向你承认吗，这个处于变得不同这个过程中的人，与这个过程开始之前的人是相同的？【c】你甚至期待他说'这个人'而不是说'这些人'吗，因为只要变得不同这个过程持续发生，确实就会有无数的人持续出现？更不必说，我们真的必须小心翼翼地提防相互之间的语词陷阱了。"他会说，"先生们，要是你们能够做到的话，多拿一点儿风度出来，攻击我的真正的说法本身，说明每一个人的感觉并不是他个人的私事；或者说，就算它们是他自己的私事，也不能由此推论，显得'变化'的事物（或者要是我们在谈论'是'什么的话）只对这个人显得'是'这样的。你不停地讲什么猪和狒狒，在处理我的著作的方式上，你自己就表现出一种猪的精神，更有甚者，【d】你还说服你的听众以你为榜样。这样做很不光彩。

"我的确有这样的主张，事实真相就像我写的那样。我们每个人都是事物存在与不存在的尺度，但就是由于这个原因，人与人之间有无数的差别，不同的事物对不同的主体显得既'是'这样的又'显得'这样。我肯定不否认有智慧和聪明人，远非如此。但被我称作聪明人的这个人是一个能够改变显现的人——这个人在任何情况下能够改变对我们中的任何一个人'是'和'显得'坏的事物，能使好事物对他'显得'和'是'好的。

"这一次，【e】我必须请求你，别把你的攻击限于对我的学说咬文嚼字。我会把它的意思更加清楚地告诉你。比如，我会提醒你我们前面说的话，也就是，对病人来说，他吃的东西既显现为苦，又是苦的，而对健康人来说，这些东西的'显现'和'是'正好相反。我们现在要做的事情不是使一个人比另一个聪明——【167】这样做甚至是不可能的——也不是提出指责，说那个病人无知，竟然做出这样的判断，说那个健康人聪明，因为他的判断不同。我们必须做的事情是使它发生变化，从一种状态变成另一种状态，因为另一种状态更好。在教育方面也是这样，我们必须做的事就是使较差的状态转变为较好的状态，只不过医生用药物来产生这种变化，而智者用的是言辞。这里发生的事情决不是把判断某事物为假的人改变为判断某事物为真的人。因为，对不存在的事物下判断是不可能的，或者说对一个人直接经验到的事物之外的事物下判断是不可能的，个人直接经验到的事物总是真的。【b】在我看来，事情真相是这样的：当一个人灵魂状态不良时，他会判断与这种状态相应的东西，但若他的灵魂是健全的，他就会思考不同的事物，那些好的事物。在后一种情况下，对他显现的事物就是某些处于原始阶段的人称作'真'的东西，而在我看来，它比其他事物'更好'，但不是'更真'。

"苏格拉底，我当然不会做梦似的建议在青蛙中间寻找智慧。关于身体方面的，我在医生那里寻找智慧，关于植物方面的，我在园丁那里寻找智慧——因为我已经想好了，【c】我认为园丁也是这样，当他们发现一株植物枯萎的时候，就会设法使它变得良好和健康，而不是让它处于坏的状态，也就是'真的'感觉。同理，那些聪明而又能干的政治家是那些能使健全的事物对城邦显得公正而非有害的人。在任何城邦里，凡是被当作公正和可敬的东西，只要城邦的习俗还在维持，它们就是公正的和可敬的；而聪明人用一项健全的习俗取代有害的习俗，使它既是公正的又显得公正。同理，那个能按这些路径教育他的学生的智者是聪明的，【d】配得上得到一大笔学费。

"以这种方式，我们能够坚持有些人比其他人聪明，无人能对虚假的东西下判断。你也一样，必定是一个'尺度'，无论你是否喜欢。我们若想拯救这个理论，我们必须走这条路线。

"要是你打算回过头来反对这种理论，那就让我们来听一下你用相关的论证提出来的反对意见。或者说，要是你喜欢用问答法，你就这么做；我没有理由对这种方法提出质疑，尽管一个有理智的人宁可使用其他的方法。我对你的唯一要求是，【e】提问要公道。一个自称关心美德的人在辩论中不公道是极不合理的。在这里，我说不公道的意思是不注意区分争论和讨论，不注意区分他们的行为，争论可以尽力抓住对方的差错，而讨论必须严肃地进行，必须尽力帮助对方，指出他的疏忽和失误，【168】或者指出他的失误来自他以前追随的人。要是你注意到了这一区别，你的同伴就会责备他们自己的混乱和困惑，而不会责备你。他们会寻求与你相伴，把你当作他们的朋友；他们会自惭形秽，埋怨自己，在哲学中寻找庇护，希望借此能够变成不同的人，永远摆脱先前那个自我。但若你像其他许多人一样，反其道而行之，那么你会得到相反的结果。【b】不是使你的同伴成为哲学家，而是使他们在成年以后成为哲学的敌人。

　　"所以，要是你接受我的建议，如我前述，你会温和地与我们坐在一起，没有怨恨和敌意。你会真正地试着去发现我们说的这些话的意思，也就是说，一切事物都处于运动中，事物就是对人显现的那个样子，无论是对各人还是对各个城邦。以此为基础，你将进一步考察知识与感觉是同一样事物还是不同的事物。但你不会像你刚才那样，基于言辞的习惯用法来进行论证；【c】你不会像许多人那样，按自己的喜好曲解词意，给对方造成种种困惑。"

　　嗯，塞奥多洛，这就是我为了抢救你的朋友所做的贡献——我能力微薄，但已经竭尽全力了。要是普罗泰戈拉本人还活着，他一定会以一种宏伟的方式来抢救他的遗孤。

　　塞　你肯定是在开玩笑，苏格拉底。你的抢救非常有激情。

　　苏　你太好了，我的朋友。现在告诉我，你注意到普罗泰戈拉在刚才的讲话中如何抱怨我们吗，说我们对一个小孩子进行论证，【d】利用孩子的胆怯来反对他的想法？他如何贬低我们的论证方法，说它只是一种智力游戏？他又是如何庄严地坚持他的"万物的尺度"，命令我们严肃对待他的学说？

　　塞　我当然注意到了，苏格拉底。

　　苏　那么你认为我们应当服从他的命令吗？

　　塞　我确定要这样做。

　　苏　那么，看看这些同伴吧。除了你，【e】其他全都是孩子。所以，要是我们服从普罗泰戈拉，那么是你和我必须严肃对待他的理论。是你和我必须相互提问。这样的话，他才不会就此指责我们，说我们把对他的哲学的批判转变为和孩子做的游戏。

塞　嗯，我们的泰阿泰德难道不比许多长胡子的老家伙能够更好地跟随你对这种理论进行考察吗？

苏　不会比你好，塞奥多洛。别指望我继续绷紧每一条神经来为你这位已经过了世的朋友辩护，【169】而你自己什么也不做。来吧，我的大好人塞奥多洛，稍微帮我一把。无论如何跟我一道，直到我们看到在几何学的证明中，到底你是尺度，还是那些像你一样从事天文学和其他所有科学的人是尺度，你在这些科学中是名家。

塞　苏格拉底，跟你坐在一起，想要拒绝说话可真不容易。我刚才简直太天真了，还以为你会放过我，不会像拉栖代蒙人那样强行把我剥光。①【b】看来远非如此，你的办法比斯基隆②还要绝。拉栖代蒙人叫人要么脱衣服要么走开，而你就像安泰俄斯③一样强人所难。你不让任何靠近你的人离开，直到你剥光他的衣服，让他跟你进行论证上的较量。

苏　你对我做的比喻和描述真是太精彩了，塞奥多洛。但是我的倔强甚至超过他们俩。我在辩论中遇到过许许多多的赫拉克勒斯④或忒修斯⑤，无数次被他们痛打，但我还是没有放弃，因为某种强烈的欲望使我迷上了这种锻炼。【c】所以，你不要有什么埋怨，跟我较量一番吧，这对你我都有好处。

塞　好吧。我服了你了，去哪里随便你。不管怎么说，我明白，我

①　指脱光衣服摔跤。

②　斯基隆（Σκίρων），传说中的一位拦路强盗，袭击往来于麦加拉和科林斯之间的旅客。

③　安泰俄斯（Ἀνταῖος），神话中的巨人，居住在一个岩洞中，强迫每个过路行人与他摔跤，让他们丧命。

④　赫拉克勒斯（Ἡρακλῆς），神话英雄，杀死安泰俄斯。

⑤　忒修斯（Θησεύς），神话英雄，杀死斯基隆。

不得不顺从你为我编织的命运之网，接受你的盘问。不过不要超过你刚才说的范围，否则恕我不能从命。

苏　只要你愿意跟我走，那就够了。请你特别注意，【d】不要在不经意间让我们的论证变成某种儿戏。我们不想再次为此丢脸。

塞　我会尽力而为，我向你保证。

苏　那么，首先让我们来重新处理前面那个观点。我们当时批评它。现在让我们来看，我们由于它把每个人都看成在智慧方面是自足的而讨厌它，因而认为这是它的一个缺点，这样做是对还是错；我们让普罗泰戈拉向我们承认有些人在优劣方面超过其他人，这些人就是聪明人，这样做是对还是错。你同意吗？

塞　同意。

苏　要是普罗泰戈拉本人在这里并且同意我们的意见，【e】而不是我们让他或者代表他做出这种让步，那就真是一件难事了。在这种情况下，我们就没有必要重提这个问题并且加以确认了。然而，现在可以确定的是，我们没有权力代表他，所以我们回过头去进一步弄清这个观点是可取的；因为是否这样做会导致不小的差别。

塞　对。

苏　【170】那么，让我们不要通过任何其他人来获得这种让步。让我们用最简便的方式，诉诸于他自己的论断。

塞　用什么方式？

苏　用这个方式。他说过，事物对每个人显现为什么，对他来说就是什么，不是吗？

塞　对，他就是这么说的。

苏　嗯，那么，普罗泰戈拉，① 当我们说世上没有一个人会不相信在某些事情上他比其他人聪明，而在其他事情上他们比他聪明的时候，我们也在表达一个人的判断——也可以说所有人的判断。在紧急情况下——如果不是在其他时候——你会看到这种信念。当人们陷入困境、

――――――――

① 苏格拉底此处以面对普罗泰戈拉的口吻说话。

打仗、生病、在海上遇到风暴的时候,【b】所有人都转向他们各项专长的领袖,把他们当作神,请求他们给予拯救,因为他们就在这一件事情上优于其他人——知识。无论过哪种生活,做哪种工作,你会发现人们到处寻找老师和领袖,为他们自己寻找,也为其他生灵寻找,为所有人的工作方向而寻找。你也发现有些人相信自己堪当教导和指挥。在所有这些情况下,我们除了说人们确实相信他们中间有智有愚,还能说什么呢?

塞 不会有其他结论。

苏 他们相信智慧就是真正的思想,而无知就是虚假的判断吗?

塞 【c】当然。

苏 那么,普罗泰戈拉,我们该如何对待你的论证?我们要说所有人在每个情况下判断真的东西吗?或者说,他们有时候判断真的东西,有时候判断假的东西?无论我们怎么说,结果都一样,亦即人们并非总是在判断真的东西,人的判断有真有假。你可以考虑一下,塞奥多洛,普罗泰戈拉的某个追随者或者你本人,打算坚持无人认为其他人无知或者会做出虚假判断这个观点吗?

塞 这不是一个人能相信的事情,苏格拉底。

苏 【d】然而,这就是从我们这个理论推出来的结果——人是万物的尺度。

塞 怎么会这样?

苏 嗯,假定你将要在心里作出一个决定,然后就某事对我下一个判断。让我们假定,按照普罗泰戈拉的理论,你的判断对你来说是真的。但我们其他人就不可能对你的论断进行批判吗?我们总是同意你的论断吗?或者说,每一次都会有一支反对者的大军提出抗议,认为你的论断和思想是假的吗?

塞 【e】宙斯在上,苏格拉底,他们会这样做,如荷马所说,这世上有"成千上万"的反对者在给我找各种各样的麻烦。①

---

① 荷马:《奥德赛》16:121。

　　苏　那么，你想要我们说你判断的东西对你自己来说是真的，对那成千上万的人来说是假的吗？

　　塞　不管怎么说，按照这个理论，我们好像必须这么说。

　　苏　对普罗泰戈拉本人而言呢？他不是必须这样说吗，假定他本人不相信人是万物的尺度，其他任何人实际上也不相信，【171】那么他写的《论真理》对任何人来说都不是真的？另一方面，假定他本人相信这个理论，而民众不同意，那么你看——首先——不相信这个理论的人数量上超过相信这个理论的人，它的不真超过了它的真，是吗？

　　塞　必定如此，要是按照个人判断的真或不真来算。

　　苏　其次，它还有一个微妙的特点：我假定，既然普罗泰戈拉同意所有人的意见都是真的，那么那些与他的观点相反的观点必定也是真的，也就是说，他自己的观点是假的。

　　塞　无疑如此。

　　苏　【b】承认那些认为他错了的人的意见为真，岂不就得承认他自己的意见为假？

　　塞　必然如此。

　　苏　但其他人那一方不承认自己错了吗？

　　塞　不承认。

　　苏　但是普罗泰戈拉又承认这个论断是真的，按照他的成文学说。

　　塞　好像是这样的。

　　苏　那么，这个观点遭到所有人的驳斥，从普罗泰戈拉开始——或者倒不如说，普罗泰戈拉也得承认与他观点相反的对手们的看法为真——【c】当他这样做的时候，哪怕普罗泰戈拉本人也得承认，一条狗也好，随便哪个人也罢，都不是它没有学到的任何事物的尺度。不是这样吗？

　　塞　是这样的。

　　苏　由于这个观点遭到所有人的驳斥，所以普罗泰戈拉的《论真理》对任何人来说都不是真的，甚至对他本人来说也不是真的吗？

　　塞　苏格拉底，我们把我的这位朋友挤兑得太厉害了。

苏 但是，我亲爱的塞奥多洛，还不清楚我们是否偏离了正道。因此，比我们年长的普罗泰戈拉很像是也比我们聪明；【d】要是他能从地下伸出头来，脖子以上的部分刚好就到这里，在他重新下到地底下溜走之前，他很可能会严厉责备我，说我不停地胡说八道，说你随声附和。但是，我们必须依靠我们自己，像我们现在做的这样，怎么想就怎么说。所以，我们当前不是必须主张，任何人都至少同意有些人比他们的同伴聪明，有些人比他们的同伴无知吗？

塞 无论如何，在我看来好像是这样的。

苏 我们还可以建议，以我们试图帮助普罗泰戈拉的时候概述过的那个立场为立足点，【e】这种理论可以最成功地稳固下来。我指的是这样一种立场，大多数事物对于个人来说，它显得怎样，它就是怎样；比如，热、干、甜，以及所有这类事物。但若这种理论承认在某个领域有人比别人优越，那么它也许就得打算在讨论一个人的健康、好坏与否的问题时承认这一点。在这个问题上，最好承认并非任何生灵——妇女、儿童，或者动物——都能认识什么东西对自己的健康有益，能够给自己治病；就在这里，如果不是在其他任何地方的话，有人比别人优越。你同意吗？

塞 在我看来好像是这样的。

苏 【172】下面来考虑一下政治问题。这些政治问题有：适宜做什么，不适宜做什么，正义和不正义，虔诚和不虔诚；在这个地方，这种理论可以坚持，一个城邦所认可并且设立为法律或习俗的任何东西，对这个城邦来说，它就是真的，就是事实。在这样的事务中，没有任何人或任何城邦比其他人或城邦更有智慧。在这个地方，如果不是在其他任何地方的话，这种理论会承认，一位议事人比另一位议事人优秀，一个城邦的决定可以比另一个城邦的决定更加接近真实。【b】这种理论不难断定，一个城邦按照它自己的利益做出的决定，无疑会对城邦有益。对我正在谈论的其他问题——正义和不正义，虔诚和不虔诚——人们打算坚持这些事情没有一样天然拥有它的实在；关于这些事情，他们说，民众集体认为它显得如何，它便是真的，只要民众持有这个信念，它就一直是真的。甚至连那些不打算跟着普罗泰戈拉跑的人对智慧也持有某种这样的看法。但是，塞奥多洛，【c】我看我们正在卷入从这一波较小的讨论产生出来的一波较大的讨论。

塞　噢，我们有的是时间，不是吗，苏格拉底。

苏　我们好像有时间。你的这句话，我的朋友，使我想起从前经常在我心里浮现的一个念头——那些在哲学方面花了大量时间的人一上法庭演讲，就使自己成了傻瓜，这该有多么自然。

塞　你这是什么意思？

苏　嗯，看看这个从小就在法庭这样的场所厮混的人吧，拿他和那个在哲学中成长起来、过着一种学生生活的人相比。【d】确实就像拿以奴隶的方式成长起来的人和以自由人的方式成长起来的人相比。

塞　怎么讲？

苏　因为一个人总是以你刚才提到的方式行事——有的是时间。他说话的时候非常从容，他的时间是他自己的。我们现在也是这样：现在我们的第三轮新讨论就要开始了；要是他像我们，他也可以做同样的事情，宁可让新来者接着回答手头的问题。他们谈一天还是谈一年都没有什么关系，只要能够击中已有的目标就行。而另一个人——法庭上的人——【e】说话时总是匆匆忙忙，一面说一面看时间。此外，他无法谈论他喜欢的事情，他的对手就站在对面，给他施压，不断地说时间就要到了，以此来牵制他，他也不可以说离题话，只能宣读写好的讲稿。这样的讲话总是提到另一名奴隶，是讲给坐在那里掌管诉讼的主人听的。这样的论战决不是无关紧要的，而是始终性命攸关。

【173】这样的状况使他紧张而又精明，知道如何奉承主人来博得恩宠，但是他的灵魂被扭曲，变得卑微。从小就养成的奴性阻碍他的成长，使他缺乏自由和正直，在他的灵魂还很柔弱的时候就让他面对危险和恐惧，迫使他做各种不诚实的事情。他无法依靠公正和诚实的实践来面对这些事情，于是就转向谎言，用一个过错来弥补另一个过错，就这样，他的品性不断地被扭曲，变得乖戾偏激，【b】成年以后，最终心里全无健康的想法，还自以为现在终于成了一个有才干和智慧的人。

这就是你的那些实际的人，塞奥多洛。我们自己这一边的人怎么样？你喜欢我们现在就来对他们评论一番，还是放弃这种评论，返回我们刚才的论证？我们不想滥用自由，改变我们刚才讨论的话题。

塞 不，苏格拉底，让我们评论一下哲学家。【c】你刚才说得很对，在这样的圈子里活动，我们不是讨论的奴隶，而是讨论的主人。我们的这些论证就像我们自己的奴仆，每个论证都必须等候我们，在我们认为恰当的时候结束论证。我们没有法官，也没有听众（像戏剧诗人那样），坐在那里控制我们，准备对我们提出批评和发布命令。

苏 很好，看起来我们必须评论他们了，因为你已经下定了决心。不过，让我们只评论那些领军人物吧，我们干吗要自找麻烦去谈论那些二流角色？所以，我现在就开始。【d】他们从小就不认识去市场、法庭、议事厅，或者其他公共场所的道路，也从来没有见过或听到宣读政令和法律，无论是口头发布的，还是写成文字的。党争、社交、宴饮、找歌妓①——这些事情他们在梦中都没见过。关于出身问题也是这样——同胞公民出身高贵或者低贱，有无从父系或者母系祖先那里继承什么孽根，这些事情他完全不去理会，如常言所说，不用管海里有多少升水。他甚至不知道自己对这些事情一无所知，因为他不是为了赢得好名声而远离这些东西，【e】之所以如此，乃是因为他实际上只有身体住在城里，在城里睡觉。而他的心灵早已得出结论，所有这些事情都是微不足道的；他的心灵在宇宙间翱翔，如品达所说，"上抵苍穹，下达黄泉"，②仰观天文，俯察地理，【174】循各种路径，寻求每一现存事物的完整本性，从来不会屈尊理会身边的俗事。

塞 你这话是什么意思，苏格拉底？

苏 嗯，给你举个例子吧，塞奥多洛。相传泰勒斯③在仰望星辰时不慎落入井中，一位机智伶俐的色雷斯④女仆笑话他，说他渴望知道天

---

① 原文为"吹笛女"。

② 引文出自品达《残篇》292。

③ 泰勒斯（Θαλῆς），第一位希腊自然哲学家，约公元前6世纪。

④ 色雷斯（Θρᾴκη），地名。

上的事，却看不到眼前和脚底下的东西。【b】同样的笑话适用于所有献身哲学的人。哲学家确实看不见他的隔壁邻居，也不会注意邻居在干什么，甚至不知道那位邻居是人还是牲口。他要问的问题是：什么是人？什么样的行为和欲望恰当地属于人性，并把人与其他在者区别开来？这才是他想要知道的事情，他关心这些事情并努力考察它们。你明白我的意思了，塞奥多洛，对吗？

塞　对，你说得对。

苏　这就解释了这样的人在和他的同胞打交道时的行为，无论是在私人场合还是在公共生活中，【c】如我开头所说。在法庭上或在别处，当他被迫谈论他脚下或眼前的事情时，他不仅招来那位色雷斯女仆的讥笑，而且由于缺乏经验而掉入坑中或陷入困境而招来所有民众的讥笑。他十分笨拙，给他带来了笨蛋的名声。人们在交谈中相互谩骂，而他从不参与，因为他不知道别人的劣迹，也从不关心这类事情——这方面的无知使他显得非常可笑。【d】还有，当别人在赞美其他人的功劳或自吹自擂的时候，他显得非常开心——这决非一种姿态，而是完全真诚的——但被人视为白痴。听到赞扬僭主或国王的颂辞，在他听起来就好像有人在祝贺牧人——猪倌、羊倌，给他提供了大量牛奶的牛倌；只有他认为统治者有更难照料和挤奶的牲畜要对付，这样的人根本没有闲暇，被迫要变得比乡野村夫更加残暴和野蛮；【e】这样的人的城堡就像囚室，就像山上的畜栏，把牧人困在那里。听到有人谈论土地，说某人拥有上万顷土地，而在他看来实在是微不足道，因为他习惯于观察整个大地。当他的同胞颂扬伟大的家族，声称出身高贵，能够历数七代富有的祖先，他认为这样的颂扬完全属于目光短浅，【175】这些人由于缺乏教养而不能看到总体，竟然想不到每个人都有无数的祖先，他们的情况千差万别，有富人也有乞丐，有国王也有奴隶，有希腊人也有野蛮人。有些人把自己的祖先上溯二十五代，以为自己是安菲特律翁①之子赫拉

---

①　安菲特律翁（Αμφιτρύων），人名，神话中说他是底比斯国王，他的妻子与天神宙斯生赫拉克勒斯。

克勒斯的后裔，从而自我夸耀，在他看来他们只不过是把好奇心放在了这种微不足道的事情上。【b】因为安菲特律翁的第二十五代祖先是个什么样的人是偶然的，他的第五十代祖先是个什么样的人也是偶然的。他认为，有人想不到这一点，不能摆脱愚蠢心灵的虚幻，该有多么可笑。

你瞧，在所有这些场合，哲学家成为世人嘲笑的对象，部分原因在于他的清高，部分原因在于他在处理实际事务时的无知和缺乏资源。

塞 实际情况确实像你说的这样，苏格拉底。

苏 不过，让我们来考虑一下另外一种情况，我的朋友，这一次轮到他拉着其他人向上攀登，【c】劝说他们抛弃"是我对你们不公正，还是你们对我不公正"这样的问题，考察公正与不公正本身——问它们各自是什么，它们相互之间如何不同，它们与其他事物有什么不同；或者说，他让他们丢下"拥有多少黄金的国王是幸福的"这样的问题，去考察王权，考察一般的人类幸福与不幸的问题——它们是什么，对人来说，用什么样的方法获得幸福和避免不幸才是恰当的。【d】但凡需要我们那些有着渺小、敏感、好讼心灵的朋友回答这些问题，情况就完全颠倒过来；他好像被悬在高处，头晕目眩，不敢远眺，他心慌意乱、不知所措、结结巴巴，受到人们的嘲笑。不过不是被那个色雷斯女仆或者其他未受教养的人嘲笑——他们看不到这些事——而是被每一位不是在奴隶环境下成长起来的人嘲笑。

【e】这些就是两种类型的人，塞奥多洛。一个人在真正的自由和闲暇中成长起来，你把这个人叫作哲学家；要是他做某些琐事显得无能，比如不会铺床、不会烹调、不会说奉承话，那么他并不丢脸。【176】另一个人在做这些伺候人的事情时非常敏捷和能干，但就是不懂如何像自由民那样弹奏乐曲，不懂语言的韵律，不懂如何正确地颂扬众神的生活和凡人的真正幸福。

塞 苏格拉底，要是你的话能像说服我一样说服所有人，那么世上就会多一些和平，少一些罪恶。

苏 但是，塞奥多洛，恶者是不可能消除的——因为必定要有某些东西与善者相对；不过，恶者不会在众神的界域存在，而是必然盘踞在可朽的存在者之中，在大地上游荡。【b】这就是我们要尽快逃离此岸去彼岸的原因，逃离的意思就是变得尽可能像神，变得尽可能像神也就是带着智慧变得正义和圣洁。但是，我的好人呐，要让人们相信一个人应该脱离卑劣而追求美德是由于大众所说的那些缘故不是一件易事。他们以为践行美德而脱离卑劣只是为了看起来不是坏人而是好人。这种看法，在我看来，只是乡野老妪的愚蠢之谈。

让我们试着以这样一种方式来说说真相。【c】神没有任何错误，他是完全正义的，我们凡人要是有人变得极为正义，那就是最像神了。就在这个地方，我们看出一个人是真有才智，还是真的懦弱和无足轻重，因为做到这一点就是真正的智慧和善良，而不能做到这一点就是愚蠢和邪恶。其他那些被认为是才智和智慧的东西都有共同点——那些玩弄政治权力的人流露出俗气，那些从事各种技艺的人流露出匠气。【d】然而，要是碰到一个人在生活中行事不正义，言语亵渎神，那么最好不要认为他的所作所为是聪明的，因为他无所顾忌，以耻为荣，把他人的指责当作对他的赞美，以为这就意味着自己不是蠢货，不是"大地的负担"，①而是在城邦中生存必须如此的人。然而，我们必须把真相告诉他们——他们越不认为自己是那种人，就越是那种人。因为他们对于行不义的惩罚一无所知，而这却是他们最应当知道的。这种惩罚并非像他们所想象的那样是鞭笞和死亡，行不义的人有时候不会遭受这些惩罚，【e】而是一种无法逃脱的惩罚。

塞　这种惩罚是什么？

苏　我的朋友，现实确立了两种类型。一种是神圣的，最为有福，另一种没有任何神性，最为不幸。作恶之人看不到这个真相，愚蠢和缺乏理智使他盲目，他不能察觉他的不义之行会使他越来越像后一种人，越来越不像前一种人。【177】由于这个原因，他要支付的罚款就是过这种与他将要相似的类型相应的生活。但若我们告诉他，除非他能放弃他

---

① 大地的负担（ἀχθος ἀρούρης），参阅荷马：《伊利亚特》18：104；《奥德赛》20：379。

的这种"才干",否则他死了以后,那个完全没有邪恶的地方不会接受他,而在这个世界上,他也永远过着跟自己现在相似的生活,罪人和罪人待在一起;听了这样的话他只会这样想,"这就是那些傻瓜对像我这样能干的家伙会说的蠢话。"

塞 噢,确实如此,苏格拉底。

苏 【b】我知道是这样的,我的朋友。不过,不义之人可能还有这样一个意外。当需要他在私人讨论中就他贬低的事物提供或接受解释时,当他愿意像一名男子汉勇敢地坚持一段时间,而不是像一个胆小鬼那样逃跑时,我的朋友,奇怪的事情就发生了。到了最后,他说的事情甚至连他本人也不满意;他好像江郎才尽,像婴儿一样哑口无言。

【c】不过,我们最好还是离开这里,所有这些确实都是离题话,要是我们继续往前走,新话题会像洪水一样暴发,淹没我们原先的论证。所以,要是你觉得可以,让我们返回前面的话题。

塞 实际上,苏格拉底,我喜欢听这种谈话,像我这把年纪的人更容易跟得上。不过,要是你喜欢的话,我们就倒回去吧。

苏 嗯,我们在论证中已经进到这样一个地方,不是吗?我们说过,有些人断言"实在"处于运动之中,他们认为每一个别事物就是它对某个人显现的那个样子,我们说过,他们打算在几乎所有情况下坚持他们的原则——更不必说在什么是公正和正确这些问题上了。在这个地方,他们完全打算坚持说,【d】一个城邦的任何法律一经设立,只要城邦认为它是公正的和正确的,它就是公正的和正确的,只要它继续有效。不过,在什么事物是好的这个问题上,我们找不到任何人如此勇敢,竟敢主张一个城邦认为有用的任何东西一经设立它就是有用的,在它继续有效期间——当然了,除非他说的有用只是"有用的"这个词;不过这样一来,我们的论证也就变成了一场游戏,不对吗?

塞 确实如此。

苏 【e】所以,让我们假定,他谈论的不是"有用的"这个词,而是着眼于它适用的那个事物。

塞 同意。

苏 城邦在立法时，无论怎么措辞，确实以此为目标。城邦总是在制定对它最有用的法律——在它的判断和能力允许的范围内。或者说，你认为立法可以有其他什么目标？

塞 【178】噢，没有，不会有。

苏 那么，城邦总能达成目标吗？或者说，总有一些城邦会失败？

塞 在我看来，会有失败。

苏 我们现在可以用一种相当不同的方式来解释这个问题，这样做好像更能让人同意我们的结论。我的意思是，可以提出"有用的东西"所从属的整个类别这个问题。我认为，这些事情还会涉及将来的时间；这样的话，当我们立法的时候，我们制定的法律在将来的时间里是有用的。我们可以恰当地称这种事物为"将来的"。

塞 【b】是的，当然。

苏 那么来吧，让我们向普罗泰戈拉（或持有相同观点的任何人）提问："嗯，普罗泰戈拉，你的人说，人是万物的尺度——白的事物、重的事物、轻的事物、所有各种事物，无一例外。他内在地拥有自己判断这些事物的标准，所以他认为它们就是被他感觉到的那个样子，他认为真的事物对他来说就是真的。"不是这样吗？

塞 是这样的。

苏 "那么，普罗泰戈拉"，我们会说，"那些将来的事物又如何呢？【c】一个人内在地拥有自己判断这些事物的标准吗？当他认为某些事物将会如何，对这个认为它们将会如何的人来说，它们真的会发生吗，如他所认为的那样？以热为例。如果某个外行人认为自己将要发烧，他的体温将会上升，而另一个人，这次是个医生，持相反的看法。我们认为将来会确认这个判断，还是另一个判断？或者说，我们要说将来两个判断都会得到确认，也就是说，对医生而言，这个人体温不会上升或他不会发烧，而对这个人而言，他的体温会上升或他会发烧，对吗？"

塞 这样说是荒谬的。

苏 嗯，下一批葡萄酒将会变甜还是变涩的问题，【d】我假定种葡萄的农夫的判断总是权威的，而不是乐师的判断有权威。

塞 当然。

苏 还有，音调将是准确的还是不准确的问题，一名教体育的教师的判断会优于一名乐师吗——哪怕那位体育大师本人认为将是准确的？

塞 绝不会。

苏 或者，假定正在准备晚宴。哪怕将要赴宴品尝佳肴的宾客，要是他没有烹调方面的知识，也不能对这些菜肴将会有多么好作出比职业厨师更加权威的判断。【e】我之所以说"将会"，因为我们当前讨论的要点不是这些东西现在是否令任何人喜悦，或者过去是否令他喜悦。我们当前的问题是，对于将会对某个人显得令人喜悦的东西，每个人自己是否最好的判断者。我们要问："或者你，普罗泰戈拉，在预见法庭辩论的说服力上，比我们当中任何一位外行要好吗？"

塞 实际上，苏格拉底，普罗泰戈拉曾经特别强调他在这种事情上比其他所有人都要强。

苏 【179】他当然说过，我的好伙伴。要是他不能说服他的学生他能比其他任何预言家——或其他任何人——对将要发生的事和将会显现的事做出更好的判断，那就不会有人花一大笔学费来向他请教了。

塞 非常正确。

苏 还有立法和"有用的东西"都与将来有关，而每个人都会同意，城邦在立法的时候经常不能获得最有用的东西。

塞 确实如此。

苏 所以，我们可以合理地对你的老师说，【b】他必须承认有人比其他人聪明，这样的人才是"尺度"，而像我这样没有专门知识的人无论如何都肯定不会成为尺度——而我们刚才为他做的辩护却在迫使我成为尺度——无论我是否愿意。

塞 嗯，苏格拉底，我觉得在这一点上这个理论被证明是错误的——尽管在其他地方它也被证明是错的，当它使其他人的判断带有权威性的时候，由此使人想到普罗泰戈拉的说法是完全错误的。

苏 【c】除了这些地方，塞奥多洛，还有不止一处我们可以确信是错的——至少已经可以证明并非每个人的判断都是对的。但若将问题限定在产生感知和知性判断的个人当前直接经验的范围内，那么更难确信后者是真的——不过也许我是在胡说八道。也许要确认它们是完全不可能的，也许承认这一点的人说出了真相，它们是完全自明的，它们就是知识。【d】我们的泰阿泰德说感觉就是知识可能并没有什么大错。我们不得不继续推敲这个理论，因为代表普罗泰戈拉说话要求我们这样做。我们不得不考察这个运动着的实在，看它是否真实，听听它有没有裂缝。不管怎样说，下面的战斗规模不小，也不缺乏参战者。

　塞　确实不小，它在整个伊奥尼亚①漫延。赫拉克利特的追随者发起了一场凶猛的战役，竭力鼓吹这种理论。

　苏　正因如此，塞奥多洛，【e】我们更有理由返回它的第一原则②去考察，依据他们自己的踪迹来寻找其根源。

　塞　我非常同意。你知道，苏格拉底，这些赫拉克利特派的学说（或者如你所说，荷马的学说，甚至更早的人的学说）——你无法与任何一位自称行家的爱菲索③人当面讨论，比跟疯子讨论更不可能。【180】因为他们完全像他们自己书中所说的那样，游移不定。要他们维持在一个说法或者盯住一个问题，平静地提问和问答，他们的能力比无能还要少。就这些人没有一丁点儿安静而言，说他们完全不能已经是夸大了。要是你向他们中的一个人发问，他会弄出一些谜一般晦涩的短语来，就像从箭袋中拔箭向你射来；要是你想从他那里得到一些解释，马上就会被另一句怪异的短语击中。你决无可能与他们中的任何人讨论出什么结果，他们相互之间的讨论也不会有什么结论；他们非常小心，不让任何确定的东西留存，【b】无论是在论证中，还是在他们自己的灵魂中。我假定，他们认为要是有了结论那就是静止的东西，而这种东西正是他们要与之全面开战，尽其所能要逐出这个世界的。

　苏　我敢说，塞奥多洛，你只看见这些人在战场上，但从来没有在

---

① 伊奥尼亚（Ἰόνια），地区名。
② 指"万物皆流，无物不动"。（156a）
③ 爱菲索（Ἔφεσος），地名，赫拉克利特是爱菲索人。

和平时与他们相遇，因为他们不是你的伙伴。我设想他们会在闲暇时把这些事情传给他们的学生，使学生变得和他们一样。

塞 什么学生？我的好人呐！他们中的任何人都不会成为别人的学生。【c】他们自己冒出来，随机得到灵感，每个人都认为其他人一无所知。所以我刚才说了，你决不可能从他们那里得到什么解释，无论他们是否愿意。我们必须从他们手中接过他们的学说，自己来处理这个难题，就像在几何学中一样。

苏 你说得很在理。我们现在不是已经从古人那里接下这个难题了吗？他们用诗句对大众遮掩了他们自己的意思，【d】亦即，俄刻阿诺和忒提斯是万物的源泉，是不断流动的河流，没有任何东西是静止的。到了晚近时代，我们也有了这种学说，既然他们更有智慧，也就直白地说了出来，以便使皮匠也能听懂和学习他们的智慧，从而不再愚蠢地认为实在的事物中有些静止有些变动，而那些懂得一切都在变动的人将会尊崇他们。

但我几乎忘了，塞奥多洛，有其他一些思想家道出了相反的观点；【e】有人说："唯有不动者，其名为整全"，从麦里梭① 或巴门尼德那里我们可以听到其他相同的说法，抵制刚才那一派。他们认为：一切是一，一静止、自身在自身中静止，没有空间可供它在其中移动。

我们该如何对待这些人呢，我的朋友？我们在逐渐推进的时候，不知不觉地进到两个阵营之间，【181】要是不用某种方式保护自己，逃出去，我们就会遭殃，就像在摔跤场上玩的游戏，站在中间的人被站在两边的人同时抓住，使劲往两边拉。我觉得，我们应当先考察那一派，也就是我们本来就准备对付的"流变派"。如果他们对我们显得言之有理，我们就会帮助他们，把我们自己拉到他们一边，而努力逃离另一边。如果那些主张整全的人显得更加有理，【b】我们就和他们一起逃难，逃离那些主张"不动者应当动"的人。但若两派都没有什么道理，那么要是

---

① 麦里梭（Μέλισσους），爱利亚学派哲学家，鼎盛年约在第 84 届奥林匹亚赛会期间（公元前 444—前 441 年）。

像我们这样平庸的人，在拒绝了古代拥有完满智慧的人的观点以后，还以为自己能说出什么来，那就太可笑了。所以，塞奥多洛，你看我们现在冒险前进还有什么用吗？

塞　我们不能拒绝考察这两派的学说，苏格拉底，这是不允许的。

苏　【c】既然你的感觉如此强烈，那么我们必须进行考察。在我看来，我们的批判的恰当起点就是运动的本性。他们说一切事物都处在运动之中，这到底是什么意思呢？我的意思是，他们只提到一种运动形式，还是如我所认为的那样有两种运动形式——不过，别让这一点成为我一个人的想法。你本人也要承认这个观点，以便共同分担危险，如果需要的话。告诉我，当一个事物改变位置或在原地旋转，你称之为"变动"①吗？

塞　是的。

苏　这是一种运动形式。然后，假定一个事物停留在原处，【d】不过变老了，或者由白变黑、由软变硬，或者发生其他"变化"②，我们说这是另一种运动形式，不对吗？

塞　无疑正确。

苏　所以我现在有了两种运动形式：变化和空间"运动"③。

塞　你说得对。

苏　我们现在已经作出了这种区别，让我们和那些认为一切事物都在运动的人交谈一下。让我们向他们发问：【e】"你们认为每一事物都以两种方式运动吗，亦即既在空间运动，又发生变化？或者说，你们认为有些事物以两种形式运动，有些事物只以一种或另一种形式运动？"

塞　宙斯在上，我不能回答这个问题。我假定，他们会说以两种形式运动。

苏　对，我的朋友，否则他们的看法就会变成事物既运动又静

---

① 变动（κινεῖσθαι）。

② 变化（ἀλοίωσις）。

③ 运动（φορα）。

止，这样一来，说一切事物都在运动就不比说一切事物都在静止更加正确了。

塞 完全对。

苏 【182】由于事物必定在运动，没有任何地方的事物是缺乏运动的，由此可以推论，一切事物必定处在各种运动中。

塞 必定如此。

苏 那么，我想要你考虑一下他们理论中的这个要点。我们说过，他们认为，每当事物各自运动时就产生了热、白这样的东西，而在主动和被动的因素之间产生了感觉；被动的因素变成了感觉者，但不是变成感觉，而主动的因素变成了这样那样的东西，但不是性质，不是这样吗？但也许"性质"这个词对你来说有点儿别扭，你也许不太明白它是个一般的表达法。①【b】所以让我来说一些具体事例。我的意思是主动的因素不是变成热或白，而是变为热的或白的，其他性质也是这样。你也许还记得我们原先说过的话，没有任何事物凭其自身就是一个事物，② 这也可以用于主动的因素和被动的因素。正是由于二者间的相互联系产生了感觉和被感知的东西；在这样做的时候，主动的因素变成了具有某种性质的东西，而承受者变成了感觉者。

塞 我当然记得。

苏 【c】那么，我们先不需要去关心他们学说中的其他观点了，无论他们的意思是我们说的这样，还是其他意思。我们必须只关注我们论证的目标。让我们来问他们："按照你们的说法，一切事物都在流变，不是这样吗？"

塞 是这样的。

苏 一切事物都有我们区分的两种形式的运动吗，亦即它们既发生运动又发生变化吗？

---

① 性质（ποιότης），中性名词，源于形容词（ποιός，某种类型的），柏拉图新创了"性质"这个词。

② 参阅本文 152d。

塞　必定如此，如果它们处于完全的运动之中。

苏　嗯，要是它们只有空间运动而没有发生变化，我们就可以说出运动着的事物有什么流变吗？或者，我们该如何表达？

塞　这样说是对的。

苏　【d】但由于连流变的事物流变为白的这一点也不固定，它也处在变化过程之中，流变这件事情也在流变，所以白色也在变成其他颜色，这样事物才不会在这个方面成为固定的——正因如此，我们有可能恰当地指称一种颜色吗？

塞　我看不出有谁能这么做，苏格拉底；对于其他这类事物也不能，因为处在流变之中，当你说话的时候，它不就已经悄悄地溜走了吗？

苏　任何一类具体的感觉怎么样，比如看或听？【e】它会保持稳定，一直是看或听吗？

塞　要是一切事物都处于运动之中，这样说肯定不行。

苏　要是承认一切事物都在以各种形式运动，那么我们不可以把任何事情称作看，而不是称作"非看"，其他任何感觉也不可以说成是感觉，而不是"非感觉"。

塞　对，我们不可以。

苏　然而，泰阿泰德和我说过感觉是知识吗？

塞　你们说过。

苏　所以我们在回答"什么是知识"这个问题的时候，我们给出的回答不会比"非知识"更是知识。

塞　【183】要是我们这样做，结果好像是这样的。

苏　这真是一个绝妙的结果，我们竭尽全力证明一切事物都处于运动之中，以便表明这个回答①是正确的，但是实际情况却是这样的，要是一切事物都处于运动之中，那么对任何事物作出的每一个回答都同等正确，我们可以说"它是这样的"，也可以说"它不是这样的"——或

————————

① 即"知识就是感觉"。

者要是你喜欢，你可以用"变成"这个词，因为我们不想用任何表达法把这些人固定住了。

塞　你说得很对。

苏　嗯，是的，塞奥多洛，除了我刚才说"它是这样的"和"它不是这样的"。【b】我们一定不要用"这样"这个词，因为这样说就意味着不再运动了，也不要用"不这样"，这样说也表示不再运动了。这种理论的解释者需要创立别的语言，然而他们现在没有什么措辞可以和他们的预设相适应——除了"无论如何都不"①这个短语，这对他们来说也许是最合适的，因为它的意思是不确定的。

塞　这个短语至少对他们来说是最合适的。

苏　【c】那么，我们已经摆脱了你的朋友，塞奥多洛。我们不承认他的说法，也就是每个人都是万物的尺度，除非这个人是一个有理智的人。我们也不承认知识就是感觉，至少就一切事物都处于运动之中这个考察方法而言，除非泰阿泰德在这里还有其他什么说法。

塞　你说得非常好，苏格拉底。按照我们刚才的约定，一旦讨论完普罗泰戈拉的理论，我就不用再回答你的问题了。

泰　噢，不行，塞奥多洛，你和苏格拉底完成了刚才的约定，那就来讨论另一派的主张，【d】他们主张一切事物都是静止的。

塞　泰阿泰德，你在干吗？教唆比你年纪大的人行事不公道，违反约定吗？你自己要准备好，跟苏格拉底进行下面的讨论。

泰　行，要是他喜欢。但我宁可当一名听众，听你们讨论这些观点。

塞　嗯，邀苏格拉底进行论证，就好像请"骑兵进入平原"。你只管问，然后听着就是。

苏　但我不愿意听从泰阿泰德的驱使，【e】塞奥多洛。

塞　什么事让你不愿意？

苏　羞耻。我怕我们的批判过于肤浅。在主张宇宙是一、宇宙不

---

① 　无论如何都不（οὐδ᾽ οὕτως），亦译为"怎样都不""决不""毫不"。

动的众人面前，麦里梭和其他一些人，我有这种感觉，尤其是面对这个人——巴门尼德。在我眼中，巴门尼德就如荷马所说的那样"令人敬畏"。①我在还很年轻的时候见过他，而当时他已经很老了。【184】他是那么深邃和高贵，我担心我们听不懂他的话，更不能跟上这些话所表达的意思。我最担心的是，如果我们参与这些重要主题的讨论会引发一系列问题，而我们讨论的初衷，即知识的性质，反倒看不见了。尤其是，我们现在提出的这个主题范围极广。把它当作一个枝节问题来处理是不公正的，而对之进行恰当的讨论需要很长时间，这样一来，我们就得搁置我们的知识问题。这两种做法都是错的。【b】所以我宁可使用我的产婆的技艺，尝试着帮泰阿泰德把知识概念生下来。

塞　好吧，要是你认为这样做合适，那就这么办吧。

苏　嗯，泰阿泰德，我想要你考虑一下刚才说过的一个观点。你当时回答说，知识就是感觉，不对吗？

泰　对。

苏　假定有人问你："一个人用什么东西看白的和黑的事物，用什么东西听高的和低的声音？"我想象你会回答："用他的眼睛和耳朵。"

泰　对，我会这样回答。

苏　【c】一般说来，用词随意而不加仔细推敲并非教养不良的标志，与此相反则会使人粗鄙。不过，仔细推敲有时候是必要的，就像现在必须从你的这个回答中挑出毛病来。你想想看，哪个回答更加正确：眼睛是我们看所"用"②的东西，还是我们看所"通过"③的东西？我们听是"用"耳朵，还是"通过"耳朵？

泰　嗯，苏格拉底，我觉得，在这些事例中，我们是"通过"它们来感觉，而不是"用"它们来感觉。

苏　【d】对，我的孩子。我必须说，要是有许多感官坐在我们里面，

---

① 荷马：《伊利亚特》3：172。

② 用（ᾧ）。

③ 通过（δι' οὖ）。

就好像我们是一些特洛伊木马，这些感官没有集结为一个统一体，无论叫它灵魂还是什么——用它，并通过它们①，就好像它们是一些工具，我们察觉一切可察觉的事物，如果是这样的话，那就太奇怪了。

泰 在我看来，这个说法比另一个说法要好。

苏 现在来说一下我为什么要在这一点上仔细推敲。我想知道，在我们里面是否有同一个东西，我们用它，并通过眼睛感觉到黑色和白色，【e】通过其他感官感觉到其他性质；如果有人问到这个问题，你会把所有这些东西都归结为身体吗？不过，最好还是你自己来回答这个问题，而不是由我代劳。告诉我，你通过它们来察觉热、硬、轻、甜的事物的这些工具——你认为它们全都属于身体吗？或者，能说它们属于别的什么吗？

泰 它们全都属于身体。

苏 你也愿意承认，【185】你通过一种官能感觉到的东西不可能通过另一种官能来感觉到吗？比如，你通过听觉感觉到的东西不能通过视觉来感觉到，你通过视觉感觉到的东西不能通过听觉来感觉到，是吗？

泰 我几乎无法拒绝承认这一点。

苏 假定你同时想到两种东西，那么你肯定不是通过其中一种感官，也不是通过另一种感官而感觉到这两种东西。

泰 不是。

苏 现在以声音和颜色为例。首先，你认为这两样事物在这一点上相同吗，也就是说它们都存在？

泰 我是这么认为的。

苏 还有，它们各自与对方不同，而与自身相同吗？

泰 【b】当然。

苏 还有，它们总共是二，各自是一吗？

泰 对，我也这么想。

苏 你还能考虑它们彼此之间是相同的还是不同的吗？

---

① 指眼睛、耳朵这些感官。

泰　我也许能。

苏　嗯，你通过什么来思考有关它们的所有这些事情呢？你瞧，要通过视觉或者听觉来把握二者共同的地方是不可能的。让我们来考虑另外一样事物，以此表明我们说的是真的。假定考察二者是咸的还是不咸的是可能的。【c】你当然能够告诉我你用什么来检验它们。很清楚，既不是视觉，又不是听觉，而是其他官能。

泰　当然了，通过舌头起作用的这种官能。

苏　说得好！嗯，通过什么官能向你揭示所有事物和这两样东西——我指的是你用"在"和"不在"这些词和我们刚才讨论这两样东西时使用的其他术语来表达的东西——的共同点？你会给所有这些事物指定哪一种工具？通过什么工具我们身上的感知者能够察觉所有这些事物？

泰　你指的是"在"与"不在""相似"与"不似""相同"与"不同"，还有"一"与别的数目，也可用于声音和颜色。【d】你的问题显然还涉及"奇""偶"以及所有这样的属性，你想知道通过什么样的身体器官，我们用灵魂察觉到所有这些东西。

苏　你很好地跟上了我的意思，泰阿泰德。这正是我要问的事情。

泰　但是，宙斯在上，苏格拉底，我回答不了。我只能告诉你，我感到根本就没有一种专门的器官可以负责所有事物，像别的东西有专门的器官负责一样。【e】在我看来，好像是灵魂通过它自身的功能来考察一切事物的共同点。

苏　是的，泰阿泰德，你会这样说的，因为你很美，不像塞奥多洛说得那么丑。① 因为话说得美，才是真美。除了你是美的以外，你还帮我省掉了一个冗长的论证，如果在你看来，灵魂通过身体的一些官能思考某些事物，而通过自身单独思考其他一些事情。我自己就是这么想的，我希望你也能这么想。

泰　嗯，在我看来好像是这样的。

苏　【186】你把"在"归为哪一类？尤其因为它是伴随一切事物的

---

① 参阅本文 143e。

某个东西。

　　泰　我应当把它归入灵魂用自身来把握的那一类东西。

　　苏　"相似"与"不似""相同"与"不同"也一样吗?

　　泰　对。

　　苏　"美的"与"丑的""好的"与"恶的"呢?

　　泰　这些东西也一样。尤其是,我认为灵魂在对它们进行相互比较的时候考察它们的"实在",【b】并且在其自身中把过去、现在、将来联系起来进行反思①。

　　苏　且慢。你不是说通过触觉灵魂察觉到硬的事物的"硬",同样通过触觉灵魂察觉到软的事物的"软"吗?

　　泰　对。

　　苏　但是,关于它们的"实在"(它们存在这个事实)、它们之间的对立,以及这种对立的"实在",灵魂通过对它们的相互比较,为我们判断。

　　泰　确实如此。

　　苏　那么,有些事物是所有生灵——人和动物——生下来就能天然感觉到的,【c】我指的是那些灵魂通过身体得来的经验;而对这些事物的存在和有用性的反思,却是长期而又艰难发展的结果,通过大量的经历和教育,要是说有反思的话。

　　泰　对,肯定是这样的。

　　苏　嗯,连"存在"都没有得到的人有可能得到"真相"吗?

　　泰　不可能。

　　苏　要是一个人不能得到某事物的真相,他会有关于这个事物的知识吗?

　　泰　【d】当然不会,苏格拉底。

　　苏　由此可见知识不在经验中,而在对它们进行推论②的过程中,

---

①　反思($\dot{\alpha}\nu\alpha\lambda o\gamma i\zeta\varepsilon\sigma\theta\alpha\iota$)。

②　推论($\sigma\upsilon\lambda\lambda o\gamma\iota\sigma\mu\acute{o}\varsigma$)。

好像就在这里，而不是在经验中，有可能把握存在和真理。

　　泰　显然如此。

　　苏　既然有那么大的差别，你会把它们称作相同的东西吗？

　　泰　这样做当然不妥。

　　苏　那么，你给前一类事情起个什么名称——视、听、嗅、感到冷、感到热？

　　泰　【e】我会称之为"感到"①，还会有别的什么名称吗？

　　苏　所以这些东西放在一起，你把它们统称为感觉吗？

　　泰　必定如此。

　　苏　这些事情，我们说，并不分有对真相的把握，因为它们不分有对存在的把握。

　　泰　对，不分有。

　　苏　所以它们也不分有知识。

　　泰　不分有。

　　苏　那么，泰阿泰德，感觉和知识决不会是同一个东西。

　　泰　显然不是，苏格拉底。我们现在已经进行了最为清楚的证明，知识是某个与感觉不同的东西。

　　苏　【187】但我们这场讨论开始时的目标不是发现知识不是什么，而是发现知识是什么。然而，我们的进步微乎其微，仅仅明白了根本不能在感觉中寻找知识，而应当在无论什么被我们称作灵魂活动的事情中寻找，当灵魂用自身忙于这些存在的事物时。

　　泰　嗯，苏格拉底，我假定这个名称是判断②。

　　苏　【b】你的意见没错。现在从头来过，把我们已经说过的话统统抹掉，看你能否依据现有的进步看得更加清楚。请你再次告诉我，什么

---

① 感到（αἰσθάνεσθα）。

② 判断（δοξάζειν），动词，灵魂对某事物形成某个判断、意见、想法、信念。在柏拉图对话中，这个词指单纯理智活动（判断、认知），不牵涉情感和意志方面的信仰和信心。

是知识？

　　泰　嗯，苏格拉底，不能说所有判断都是知识，因为有虚假的判断；但也许真实的判断是知识。你可以把这句话作为我的回答。要是随着讨论深入，这个回答变得不像现在那么令人信服，那么我会试着寻找其他答案。

　　苏　很好，泰阿泰德。这样及时的回答比你一开始那种犹豫不决的态度要好得多。【c】如果我们的讨论继续这样进行，我们就能找到我们要找的东西，也不太会去想象我们自己知道我们实际上对其一无所知的事情——然而即使这一点也是不可小看的回报。现在你会说有两种判断，一种是真实的，另一种是虚假的，而你把知识定义为真实的判断，会吗？

　　泰　会，我现在是这么看的。

　　苏　嗯，我有点儿犹豫，我们现在是否应该回到一个有关判断的老看法①。

　　泰　你指的是什么看法？

　　苏　【d】有样东西在我心里经常让我感到困惑和犯难，我自己独自思考时是这样，在与别人讨论时也是这样——我的意思是，我无法说出它是什么，也无法说出我们有的这种经验如何在我们身上产生。

　　泰　什么经验？

　　苏　对虚假的东西下判断。你知道，哪怕现在我还在犹豫，不知是应该放过它，还是用和刚才不同的方式考察它。

　　泰　为什么不呢，苏格拉底，要是这样做有必要的话？刚才你还在和塞奥多洛谈论闲暇，你们说得对，进行这种讨论没有必要匆匆忙忙。

　　苏　【e】你提醒得恰到好处。现在回顾一下我们的踪迹也许时机并不坏。伤其十指不如断其一指。

　　泰　确实如此。

　　苏　我们该如何开始呢？我们说的话到底是什么意思？我们主张，

────────

①　指本文 167a—b 提到的普罗泰戈拉的观点，所以判断都是真的。

虚假的判断反复出现，我们中间有人作了虚假的判断，有人作了真实的判断，事情生来就是这样，不对吗？

泰　这就是我们的主张。

苏　【188】那么，对一切事物，无论是整体还是个别，我们要么认识①，要么不认识，对吗？我现在不谈学习和遗忘这两种居间状态，因为我们现在的论证与它们无关。

泰　当然了，苏格拉底，在这种情况下没得选择。对每个事物，我们要么认识，要么不认识。

苏　那么，当一个人下判断时，他判断的对象要么是他认识的事物，要么是他不认识的事物，对吗？

泰　对，必定如此。

苏　然而，要是他认识一个事物，他就不可能不认识同一个事物；【b】或者说，要是他不认识一个事物，他就不可能认识同一个事物。

泰　当然。

苏　现在来讲一个对虚假事物下判断的人。他认为他所认识的一些事物不是这些事物，而是他认识的其他事物——因此他既认识二者，又不认识二者，是吗？

泰　这是不可能的，苏格拉底。

苏　那么，他会设想他不认识的事物是他不认识的其他事物吗？一个既不认识泰阿泰德又不认识苏格拉底的人有可能把苏格拉底当作泰阿泰德，或者把泰阿泰德当作苏格拉底吗？

泰　【c】我看不出这种事情是怎么发生的。

苏　但是一个人肯定不会认为他认识的事物是他不认识的事物，或者他不认识的事物是他认识的事物。

泰　不会，否则的话就太奇怪了。

苏　他还能以什么方式作出错误判断呢？既然一切事物要么是我们认识的，要么是我们不认识的，那么在我们提到的这两种情况之外显然

---

① 认识（εἰδέναι）。

不可能下判断，而在二者之间好像也没有给错误判断留下任何余地。

泰　完全正确。

苏　也许我们最好采取一条不同的路径，【d】也许我们不应该按照"认识"和"不认识"来考察，而应该按照"存在"和"不存在"来考察？

泰　你这是什么意思？

苏　也许最简单的事实是这样的：当一个人对任何不存在的事物下判断的时候，他肯定虚假地下了判断，无论他的思想在其他方面处于何种状况。

泰　很可能是这样的，苏格拉底。

苏　那么，泰阿泰德，如果有人拷问我们："会有人觉得这些说法是可能的吗？一个人能判断不存在的事物吗？【e】无论是判断一个存在的事物在不在，还是判断这个不存在的事物本身？"对此我们该怎么说？我假定我们会这样回答："能，只要他在想的时候想了不真的东西。"不然的话，我们该怎么回答？

泰　我们会这样回答的。

苏　这种事情在别处也会发生吗？

泰　哪一种事情？

苏　嗯，举例来说，一个人看见某个东西，然而他看见的是"无"。

泰　怎么会呢？

苏　事实上，正好相反，要是他看见了任何东西，他必定看见了一个存在的东西。或者说，你认为能在不存在的事物中找到"一"个东西？

泰　我肯定不这么认为。

苏　那么，看见任何一个事物的人就看见一个存在的事物吗？

泰　显然如此。

苏　【189】由此也可以接着说，一个听见任何一个事物的人就听见了某个事物，而这个事物是存在的。

泰　对，可以这么说。

苏　一个触摸到任何事物的人就是触摸到某个事物，而这个事物是存在的，要是它是"一"的话？

泰　对，也可以接着这么说。

苏　一个正在下判断的人是在判断某一个事物，不是吗？

泰　必然如此。

苏　一个正在下判断的人是在判断某个存在的事物吗？

泰　我同意。

苏　这就表明一个正在对不存在的事物下判断的人是在判断"无"吗？

泰　好像是这样的。

苏　但是一个对"无"下判断的人根本就不在下判断。

泰　这一点好像是清楚的。

苏　【b】所以对不存在的事物下判断是不可能的，无论是判断一个存在的事物在不在，还是判断这个不存在的事物本身？

泰　显然不可能。

苏　那么，虚假的判断和判断不存在的东西不是一回事吗？

泰　看起来好像不是一回事。

苏　那么，无论按照这种路径，还是按照我们刚才的路径，虚假的判断都不存在于我们之中。

泰　确实不存在。

苏　那么，我们用虚假的判断这个名称来称呼的东西是以这种方式产生的吗？

泰　如何产生？

苏　我们说有虚假的判断，这是一种"错置的判断"，【c】也就是说，一个人在思想上用一个存在的事物替换另一个存在的事物，并且断言一个事物就是另一个事物。以这种方式，他始终在判断存在的事物，但将一个事物错置在另一事物的位置上，而错过了作为他的思考对象的那个事物，因而可以公正地说他做了错误的判断。

泰　我认为你现在的看法相当正确。一个人把美的事物判断为丑的事物，或者把丑的事物判断为美的事物，那么他真的是在虚假地判断。

苏　噢，泰阿泰德，我看你显然不那么在乎我了，你开始不怕我了。

泰 这话从何说起？

苏 【d】嗯，我假定你认为我不能驳斥你的这个"真的假"，不会问你一个事物能否"慢地快""重地轻"，或者其他任何事物能否不按照其自身的本性，却按照其对立面的本性，以跟自己相反的方式产生出来。不过，这一点还是算了吧，我不想让你的勇敢得不到报偿。那么，你说你喜欢这个建议吗，虚假的判断是"错置的判断"？

泰 我喜欢。

苏 那么，按照你的判断，有可能在一个人的思想上把一个事物安放在另一事物的位置上，当作另一个不是它本身的事物吗？

泰 确实有这种可能。

苏 【e】当一个人的思想这么做的时候，它不是必须思考这两个事物中的一个，或者思考这两个事物吗？

泰 这是必须的，要么同时思考，要么逐个思考。

苏 很好。关于"思考"，你的意思和我一样吗？

泰 你用这个词是什么意思？

苏 就是灵魂就某个考虑的对象跟自己谈话。当然了，我对这一点全然无知，只是把我现有的想法告诉你，这个想法很模糊。我依稀觉得，【190】灵魂在思考的时候，只不过是在和自己交谈，自问自答，肯定或否定。当它抵达某个确定的东西时，无论是渐进地，还是突如其来地，只要它对一个东西已经确定不疑，我们就可以把它称为灵魂的"判断"。所以，在我看来，下判断就是作陈述，一个判断就是一个不对别人讲，或者不大声地说出来，而只是默默地对自己叙说的陈述。你怎么想？

泰 我同意你的想法。

苏 所以，当一个人把一个事物判断为另一个事物时，他在做的事情显然是在对他自己说，这个事物是另一个事物。

泰 【b】当然。

苏 现在试着回想一下，你有无对自己说过"美肯定是丑"，或者

"不公正肯定是公正"。或者说——总而言之——你有无试图说服你自己，"一个事物肯定是另一个事物"。或者说，事情正好相反，哪怕是在梦中你也从来不敢对自己说，"奇数毫无疑问是偶数"，或者其他诸如此类的话。

泰　对，是这样的。

苏　【c】你认为有其他人，心智正常或不正常的，希望能赢得他自己的首肯，竟敢严肃地对他自己说"牛必定是马"或者"二必定是一"吗？

泰　我确实不这么认为。

苏　嗯，要是对自己作陈述就是下判断，那么没有一个在灵魂中把握到两个事物的人会就两个事物作陈述，或下判断，能够叙说或论断"这个事物"是"另一个事物"。不过，你可别挑剔我的措辞①。【d】我这样说的意思是，没有人会判断"丑就是美"，或者下其他诸如此类的判断。

泰　行，苏格拉底，我不挑剔，我认为你说得对。

苏　那么，在心里思考两个事物的人不可能把一个事物判断为另一个事物。

泰　似乎如此。

苏　但若他心里只呈现一个事物，而另一个事物根本没呈现，他决不会断定一个事物是另一个事物。

泰　对，否则他就不得不认为这个事物也没有在他心中呈现。

苏　那么"错置的判断"对任何人来说都是不可能的，无论有两个事物呈现，供他判断，【e】还是只有一个事物呈现。所以，要是有人把虚假的判断定义为"误置的判断"，他等于什么也没说。②用这种路径不可能说明虚假的判断存在于我们中间，比用我们先前的那些路径更不可能。

---

① 前一句中的"这个事物"和"另一个事物"在希腊语中用的是同一个词"ἕτερον"，所以苏格拉底强调别在我的措辞上挑毛病，这两个"ἕτερον"的意思不一样。

② "错置的判断"（ἀλλοδοξεῖν）和"误置的判断"（ἑτεροδοξεῖν）含义大体相同。

泰　似乎如此。

苏　然而，泰阿泰德，要是不能说明虚假的判断是存在的，我们将被迫承认许多荒谬的事情。

泰　哪些事情？

苏　在我尝试用所有可能的方式考察完这个问题之前，我不会告诉你有哪些荒谬的事情。【191】当我们仍在困境之中，看到我们被迫承认这些事情，我会感到丢脸。如果我们发现了我们寻找的东西，并从困境中解脱出来，我们就可以转过身来，谈论这些事情如何在别人身上发生，在确保我们自身安全以后对抗荒谬。但若我们找不到出路，无法摆脱困境，那么我们就要放下身段，像晕船的旅客那样，听凭论证对我们的任意摆布。现在让我来告诉你，我们还可以通过什么路径来进行这一考察。

泰　你就告诉我吧。

苏　我要说的是，我们错误地赞同，【b】一个人不可能错误地判断他知道的事物是他不知道的事物。而实际上，这是可能的。

泰　嗯，我现在感到困惑的是，你的意思和我刚才也在怀疑的事情是否一回事，我们刚才建议说事情是这样的，我指的是，我认识你苏格拉底，但我有时候会把远处的陌生人误认为我认识的苏格拉底。在这样的事例中，你说的那种事情就可能出现了。

苏　但我们不是又从这种说法退回来了吗，因为它使我们既认识又不认识那些我们认识的事物？

泰　对，我们退回来了。

苏　那我们就不要用这种方式来尝试，而要用别的方式。【c】这样做也许有所补益，也许非常棘手，但事实上我们处于这样的困境，需要把每个论证颠过来倒过去，从各个方面对它进行考察。现在来看我说这话有没有道理。一个人有可能学到原先不认识的某个事物吗？

泰　当然有可能。

苏　能否学了一个事物以后再学另一个事物？

泰　嗯，为什么不能？

苏　现在，为了这个论证的缘故，我想要你设想我们的灵魂中有一块蜡板，在一个人的灵魂中大一些，在另一个人的灵魂中小一些，【d】有的蜡板纯洁一些，有的蜡板污浊一些，有的蜡板软一些，有的蜡板硬一些，有的蜡板软硬适中。

泰　行，我就这么设想。

苏　然后，我们可以把这块蜡板视为众缪斯①之母记忆女神②的馈赠。每当我们想要记住一个我们看见、听到或想到的事物，我们就把这块蜡放在我们的感觉和观念下面，让它们在蜡板上留下痕迹，就好像我们用指环印章来盖印一样。只要其中的图像还在，我们就记住并认识了所印的事物；而一旦某个印记被抹去，或者没能印上去，【e】我们就遗忘了，不认识了。

泰　就当是这样吧。

苏　再设想这样一种情况，一个人认识这些事物，也在思考他看见或听见的某个事物，看他是否会以这种方式虚假地判断。

泰　以什么方式？

苏　在思考的时候，把他认识的事物时而当作他认识的事物，时而当作他不认识的事物——我们在前面错误地认为这些情况是不可能的。

泰　你现在怎么看？

苏　【192】我们必须从划定某些界线开始讨论。我们必须明白，你不可能把一个你认识的事物认作另一个你不认识的事物，因为你在灵魂上留有它的印记，而你不再感觉的事物是另一个你认识的事物；你不可能把你认识的一个事物认作某个你不认识、也没有它的印记的事物；你不可能把一个你不认识的事物认作另一个你不认识的事物；你不可能把一个你不认识的事物认作一个你认识的事物。

还有，你不可能把一个你感觉到的事物认作另一个你正在感觉的事物；你不可能把一个你正在感觉的事物认作一个你不再感觉的事物；【b】

---

① 缪斯（ή Μοῦσα），希腊文艺女神，有好多位。

② 记忆女神（Μνημοσύνη）。

你不可能把一个你不再感觉的事物认作另一个你不再感觉的事物；你不可能把一个你不再感觉的事物认作你正在感觉的事物。

还有，你不可能把一个你既认识又在感觉的事物，在你有了它的印记和对它的感觉时，认作另一个你认识和正在感觉的事物，你也有关于它的印记和对它的感觉（这种情况甚至比前面那些情况更不可能）；你不可能把一个你既认识又正在感觉的事物认作你认识的另一个事物，你也保有关于它的真正印记；你不可能把一个你既认识又正在感觉的事物认作另一个你正在感觉的事物，你像以前一样有关于它的正确的印记；【c】你不可能把一个你既不认识又不再感觉的事物认作另一个你既不认识又不再感觉的事物；你不可能把一个你既不认识又不再感觉的事物认作另一个你不认识的事物；你不可能把一个你既不认识又不再感觉的事物认作另一个你不再感觉的事物。

在所有这些情况下，出现虚假的判断都是完全不可能的。要是有可能的话，只会出现在下面这些我将要告诉你的情况中。

泰　哪些情况？我也许能理解得好一些，现在我有点跟不上了。

苏　在你认识这些事物的情况下，你把这些事物认作你认识和正在感觉的其他事物；你把这些事物认作你不认识但正在感觉的事物；【d】你把你既认识又在感觉的这些事物认作你既认识又在感觉的其他事物。

泰　嗯，你现在让我落得更远了。

苏　让我换个方式再说一遍。我认识塞奥多洛，在心里记得他长什么样，对你泰阿泰德也同样。有的时候我看见你们，有的时候没有；有的时候我接触到你们，有的时候没有；或者说，有的时候我听到你们或者通过某个其他感觉感受到你们，而在有的时候我完全没有感受到你们俩，但在心里仍旧记得你们——不是这样吗？

泰　【e】肯定是。

苏　现在请弄清我想要你明白的第一个要点：我们有时候感觉到我们认识的事物，有时候没有感觉到。

泰　对。

苏　其次，关于我们不认识的事物，我们经常没有感觉到，也可能经常感觉到。

泰　对，这也是这样的。

苏　【193】现在来看你是否比较好地跟上我了。假定苏格拉底认识塞奥多洛和泰阿泰德，但是既没有看见他们，又没有关于他们的任何感觉，在这种情况下他决不会在心里认为泰阿泰德是塞奥多洛。这样说有没有意思？

泰　有，这样说是对的。

苏　那么，这就是我刚才说的各种情况的第一种。

泰　是的。

苏　再来说第二种情况。假定我认识你们中的某一位，但不认识另一位，我也没有感觉到你们俩，在这种情况下，我决不会把我认识的这一位认作我不认识的另一位。

泰　【b】是这样的。

苏　第三种情况，假定我不认识你们俩又没有感觉到你们俩，我不可能认为我不认识的你们中的一位是我不认识的另一位。现在请你假定你已经又一次听完了刚才提到的各种情况——在这些情况下，无论我认识还是不认识你们俩，或是认识你们中的某一个，我都不会对你和塞奥多洛作出虚假的判断。在感觉方面，情况也一样。你跟得上吗？

泰　我跟上了。

苏　剩下一些情况有可能发生虚假的判断。我认识你和塞奥多洛，在我的蜡板上留有你们的印记，【c】就像指环章盖的印一样。然后，我远远地、模糊不清地看见你们俩，但在匆忙之中没有把印记指定给各自对应的视觉形象，以便比对它们的印记，以求得到确认。然而在这样做的时候我有可能做错，把一个人的视觉给了另一个人的印记，就像人们穿反了鞋子，或者就像我们照镜子，镜中的图像左右互换。【d】这个时候，误置的判断或虚假的判断就产生了。

泰　对，好像就是这样的，苏格拉底，你对判断的描述令人敬佩。

苏　还有，再假定我认识你们俩，我也感觉到你们中的一位，但没有感觉到另一位，我对前一位的认识与我的感觉不符合——这就是我刚才说过的情况，不过你当时不明白。

泰　我当时的确不明白。

苏　嗯，我当时的意思是，要是你既认识又感觉到一个人，【e】你对他的认识和你对他的感觉是吻合的，那么你就决不会把他认作另一个你既认识又感觉到的人，只要你对他的认识跟对他的感觉相吻合。不是这样吗？

泰　是这样的。

苏　我们刚才讲到还有一种情况会产生虚假的判断：【194】你认识他们俩，也在看着他们俩，或者拥有某些关于他们的感觉，然而你没有把两个印记分别归于对应的感觉，而像一名拙劣的弓箭手，射偏了靶子，也错过了目标——这就是我们所说的"假"。①

泰　当然是这样的。

苏　当属于其中一个印记的感觉出现了，而属于另一个印记的感觉没出现，而你试图把属于当前感觉的这个印记与当前的这个感觉相适应，在所有这样的情况下，思想就犯错了。

【b】我们可以这样总结：要是我们现在所说的是妥当的，对于从来不认识和没有感觉到的事物，我们不可能出错或产生虚假的判断；只有对那些认识而又感觉到的事物，我们的判断有可能出错，有真有假。印记要是端端正正，它就是真的，要是印记歪了或者偏了，它就是假的。

泰　嗯，这个解释不是很美好吗，苏格拉底？

苏　【c】啊，要是你听了下面的话，你就更要这么说了。因为真正的判断是美好的，足够正确的，而谬误是丑恶的。

泰　毫无疑问，是这样的。

苏　嗯，据说这两种情况是这样发生的。有些人灵魂中的蜡质地均匀、厚实平滑，通过感觉而来的那些影像印在灵魂的"心"中——

---

① 假（ψεῦδος）。

如荷马所说，① 暗示心与蜡相似【d】——留在上面的印记既清晰又足够深，可以保持很长时间。有这样灵魂的人学得快、记得牢，不会把印记与感觉搞错，能真实地判断。因为这些印记很清晰，也有足够的地方可供这些人使用，他们很快就把每个事物与它自己在蜡上留的印记联系起来——当然了，这里所说的事物是被我们称作存在的事物，这些人被我们称作有智慧的人。或者，你对此还有什么疑问吗？

泰　没有了，我发现你的解释格外有说服力。

苏　【e】当一个人的心是"粗糙的"（那位最聪明的诗人还称赞这种情况），或者说他的心太脏，是用不纯的蜡制成的，或者太软，或者太硬，那么情况就不同了。蜡太软的人学得快，忘得也快，蜡太硬的人情况正好相反；那些粗糙不平、掺杂了石头、泥土或秽物的蜡板上的印记是不清晰的。【195】太硬的蜡板得到的印记也不清晰，因为印记刻不深；太软的蜡板得到的印记同样也不清晰，因为它们很快就会融化而变得模糊。此外，对那些灵魂狭隘的人来说，那些印记还因为空间太小而相互挤轧，也就更加模糊了。所有这样的人都容易作出虚假的判断。因为在看、听、想任何事物的时候，他们不能很快地给每个事物指派各自的位置，既迟钝又常常归错，看错、听错和想错大部分事物——结果这些人就是被我们说成对存在的事物持有错误看法的人，无知的人。

泰　【b】确实是这样的，苏格拉底，无人能比你解释得更好。

苏　那么我们要说，虚假的判断确实在我们中间存在吗？

泰　当然要。

苏　我想，真实的判断也在我们中间存在吗？

泰　真实的判断当然也存在。

苏　当我们说这两类判断确实存在时，我们认为我们终于达成令人满意的一致意见了吗？

泰　确定无疑，苏格拉底。

---

① 《伊利亚特》2：851，16：554。"心"（κέαρ，κῆρ）和"蜡"（κηρός）的希腊文拼法相近。

苏　泰阿泰德，饶舌之徒恐怕真的是可恶的、不讨人喜欢的。

泰　为什么，你干嘛要这样说？

苏　【c】因为我讨厌自己的愚蠢和饶舌，确实如此。如果一个人翻来覆去地摆弄一大堆论证，由于他的迟钝而不能确认，但又不愿意放弃任何一个论证，这样的人你还能把他叫作什么？

泰　但你为什么要讨厌自己呢？

苏　我不仅厌恶自己，而且还感到焦虑。我担心要是有人问我，我该说什么："喂，苏格拉底，你已经发现了虚假的判断，是吗？你已经发现它不存在于各种感觉的相互关联中，【d】也不存在于各种思想的相互关联中，而存在于感觉与思想的联结之中，对吗？"我相信我会说"对"，沾沾自喜，好像我们有了美妙的发现。

泰　嗯，苏格拉底，你刚才对我们做的说明在我看来还是相当不错的。

苏　他会接着说："你的意思是，我们决不会把我们只是想到但没有看到、摸到、或以其他方式感到的一个人设想为一匹马，而这匹马又是我们没有看到、摸到、或以其他方式感到，只是想到的吗？"我假定我会同意说我们确实是这个意思。

泰　对，相当正确。

苏　【e】他会接着说："按照这个理论，一个人也决不会把他只是想到的'十一'认作他只是想到的'十二'吗？"来吧，你来回答。

泰　好吧，我的回答是：某个看见或者摸到这些东西的人会把十一当作十二，而那个仅仅在想这些事情的人不会，他决不会以这种方式对这些东西下判断。

苏　【196】嗯，现在来看这种情况，一个人正在心里考虑五和七——我的意思不是七个人和五个人，或者诸如此类的东西，而是五和七本身，也就是我们所说的蜡板上的印记，对这些印记我们不会有虚假的判断。假定他正在心里谈论它们，问自己它们相加等于几。你认为在这种情况下，会不会一个人想并且说等于十一，而另一个人想并且说等于十二？还是每个人都会想并且说等于十二？

泰　【b】噢，宙斯在上，当然不是这样，许多人会说十一。要是涉及更大的数，犯错误的可能性就更多了——因为我想你是在泛指所有的数。

苏　相当正确。现在我想要你考虑这里发生的事情是否就是这样，一个人认为十二本身，那个印在蜡板上的东西，是十一。

泰　好像是这样的。

苏　那么，我们岂不是又回到我们最初说过的事情上来了吗？① 发生这种情况的人，把他认识的一个东西认作他认识的另一个东西，而我们说过这是不可能的，【c】而且正是出于这一考虑，导致我们排除了虚假判断的可能性，免得同一个人在同一时间既认识又不认识同样的事物。

泰　完全正确。

苏　所以，我们必须说虚假的判断是思想对感觉的误用以外的事情，否则的话，只要在我们思想的范围内，我们决不会犯错误。事情就是这样，要么根本没有虚假的判断这回事，要么一个人会不认识他认识的事物。你会做什么选择？

泰　你给了我一个不可能选择的选择，苏格拉底。

苏　【d】但是这个论证恐怕不允许两种说法都成立。还有，我们无论如何要尝试一下，就当我们要做这件丢脸的事情，怎么样？

泰　怎么做？

苏　下定决心说出究竟什么是"认识"。

泰　这怎么能说是丢脸的呢？

苏　你似乎不明白，我们的整个对话从一开始就在探究知识，在假定我们还不知道什么是知识的前提下。

泰　噢，不过我是明白的。

苏　嗯，那么，我们在不知道什么是知识的时候就去说什么是认识，你不认为这样做是丢脸的吗？【e】事实上，泰阿泰德，我们的整

---

① 参阅本篇188b。

个讨论方法老早就出问题了。我们无数次地说"我们认识""我们不认识""我们知道""我们不知道",就好像我们在还不认识"知识"的时候就对它们各自有所理解似的。或者说,你注意到没有,我们此时此刻又使用了"不认识"和"理解",就好像我们在缺乏知识的情况下仍然有权使用它们。

泰 但是,苏格拉底,要是避开这些字眼,你还能继续讨论吗?

苏 【197】几乎不可能,对像我这样的人来说;但若我是一名辩论专家,我也许能继续讨论。现在若是真有这样的人在场,他将命令我们避开这些字眼,并且严厉批评我说的这些错误。不过,既然我们如此平庸,我干嘛不大胆地告诉你"认识"是什么样的?因为我感到这样做也许会有帮助。

泰 那就请你大胆地说吧。要是你不能避开这些字眼,我们也会原谅你。

苏 好吧,那么,你听说过当今人们对"认识"是怎么说的吗?

泰 我敢说我听说过,但我一下子想不起来了。

苏 【b】嗯,他们说,它就是"持有"① 知识。

泰 噢,是的,没错。

苏 让我们稍做修改,说成"拥有"② 知识。

泰 这个说法和前面那个说法有什么区别?

苏 也许没什么区别,但还是先告诉你我的想法,然后请你务必帮我来考察。

泰 行,要是我能做到。

苏 【c】在我看来,"持有"和"拥有"不同。比如,假定一个人买了一件上衣并有权处置它,但他没有穿上它,那么我们不会说他持有它,而会说它拥有它。

泰 这样说是对的。

---

① 有、持有（ἕξειν，ἕξειν）。

② 拥有、占有（κτῆσιν）。

苏　现在来看，是否有可能以这种方式拥有知识而不持有它？假定一个人猎取了一些野鸟、野鸽或者其他什么鸟，并且做了一只鸟笼把它们养在家中。那么，在一种意义上，我假定，【d】我们可以说他始终"持有"它们，这当然是因为他拥有它们。不是这样吗？

泰　是这样的。

苏　不过在另一种意义上，他一只鸟也没有持有，只是对它们而言具备了一种能力，因为他把它们置于自己的掌握之下。也就是说，他有能力在他愿意的时候随时捉住并持有他选中的任何一只鸟，也可以让它们飞走；只要他乐意，他可以反复多次这么做。

泰　【e】是这样的。

苏　就在刚才，我们在灵魂中设置了一种不知什么样的蜡板，现在让我们在每个灵魂中设置一种鸟笼，装满各种各样的鸟。这些鸟有些三五成群，有些独栖一处，随处飞跃。

泰　行，让我们假定已经设置好了。然后呢？

苏　然后我们必须说，当我们还是孩子的时候，这个容器是空的，我们还必须设想这些鸟代表各种知识。当一个人拥有了一片知识，并将它置于自己的掌控之中，我们就说他学到了或者发现了与这片知识相关的事物。我们应当说，这就是认识。

泰　就算是吧。

苏　【198】现在考虑一下：当他再次猎取他挑选的一片知识，抓住并持有它，然后又放开它，那么在这里要用一些什么样的词来表达才是合适的？跟刚才他拥有知识时用的词相同，还是不同？以下面这种方式你可以更加清楚地明白我的意思。有一门技艺你把它叫作"算术"，不对吗？

泰　对。

苏　我想要你把它想象为对每一片有关奇数和偶数的知识的猎取。

泰　行，我会的。

苏　我假定，正是凭着这门技艺，【b】一个人掌控着那些有关数的知识，也能把它们传递给其他人。

泰　对。

苏　当一个人传递它们的时候，我们称之为"教"，当一个人接受它们的时候，我们称之为"学"，当他把它们关在我们的鸟笼中而持有它们的时候，我们称之为"认识"。

泰　确实如此。

苏　现在你必须注意下面这一点。一个对数学有完全把握的人肯定认识所有的数吗？因为涵盖所有数的知识都在他的灵魂中。

泰　当然。

苏　【c】有如此造诣的一个人肯定计算过他心里的那些数，也计算过那些具有数的外在的事物，对吗？

泰　当然。

苏　我们把计算当作一件只考虑一个数有多大的事情吗？

泰　对。

苏　那么，这个人好像是在考虑他认识的东西，就好像他不认识它（因为我们已经承认他认识所有数）。你肯定听说过这样的难题。

泰　我听说过。

苏　【d】再使用一下我们的想象力，拥有和猎取鸽子，我们说猎取有两个阶段：一个阶段是为了拥有鸽子而去猎取，另一个阶段是在你已经拥有以后，再用手去捕捉和持有你已经拥有的东西。以这种方式，哪怕是你很久以前已经学习和得到的知识，那些你一直认识的东西，都有可能重新学习它们——这些同样的事情。你可以重新来过，拥有每一片你很久以前得到、但还没有打算把它交给你的思想掌控的知识，不行吗？

泰　行。

苏　【e】嗯，这就是我前面那个问题的意思。当我们谈到那位着手计算的算术家，或者着手阅读的学问家，我们应当使用什么样的术语？在这里，似乎一个认识某些事物的人再次向他自己学习他已经认识的东西。

泰　这样说很荒谬，苏格拉底。

苏　那么，我们要说他要阅读或计算他不认识的东西吗——【199】你要记住我们已经承认他拥有关于一切字母和一切数的知识？

泰　这样说也同样没道理。

苏　那么我们换个说法，你看如何？假定我们说我们不在乎如何用词，让那些人在他们心里摆弄"认识"和"学习"这些词吧。我们已经确定拥有知识是一回事，持有知识是另外一回事，据此我们坚持，任何人不可能不拥有他已经拥有的东西，因此决不会发生他不认识他认识的东西这样的事。但是他有可能作出虚假的判断。这是因为，【b】他有可能拥有的不是这个事物的知识，而是另一个事物的知识。当他在猎取某一片知识时，它们在振翅扑腾，使他犯了错，捕捉了其他的知识。当他把十一想作十二的时候，这种事情就发生了。他捉住了他心里已经有的关于十一的知识，而不是捉住了关于十二的知识，就好像你想捉一只鸽子，但捉了一只斑鸠。

泰　对，这样说有道理。

苏　当他捉住了他试图捕捉的东西，他就没有犯错误；他在这样做的时候，他就对存在的事物下了判断。【c】以这样的方式，真实的判断和虚假的判断都存在，先前使我们焦虑的事情不再妨碍我们。我敢说，你会同意我的，对吗？或者说，要是你不同意，你会怎么办？

泰　我同意。

苏　对，我们现在已经摆脱了这个"一个人不认识他认识的东西"，因为根本不会出现我们不拥有我们拥有的东西这种情况，无论我们有没有在哪个地方弄错。不过，我好像感到有另外一个更加可怕的情况出现了。

泰　什么情况？

苏　我指的是，要是虚假的判断竟然变成了知识的互换，那么又会牵扯出什么事情来。

泰　你这样说是什么意思？

苏　【d】首先，一个人持有关于某个事物的知识，却又不认识这个事物，但不是由于他不认识，而是由于他自己的知识；其次，他判断这个事物是另一个事物，另一个事物是这个事物，这岂不是非常没道理？这意味着，当知识在灵魂中出现的时候，灵魂认识不到任何事物，不认识每一个事物。按照这个论证，完全有可能出现这种情况：如果知识会使我们不认识的话，不认识的出现会使一个人认识某个事物，或者瞎的出现会使一个人看见。

泰 【e】嗯，苏格拉底，只把知识比作鸟也许不妥。我们应当设想"非知识"也跟知识一样在灵魂中飞翔，然后猎手在捕捉的时候，有时候捉住一片知识，有时候捉住一片非知识，由于非知识，他作出虚假的判断，由于知识，他持有了真实的判断。

苏 【200】我很难不向你表达敬意，泰阿泰德，不过，请你再考虑一下你的想法。让我们假定事情就像你说的这样，所以，那个捉住了一片非知识的人就会作出虚假的判断。是这样吗？

泰 是的。

苏 但他肯定不会认为自己作了虚假的判断。

泰 当然不会。

苏 他会认为他对真实的事物下了判断，他对那个他弄错了的事物的态度会和那些认识它们的人一样。

泰 当然。

苏 他会认为他捕捉并拥有了一片知识，而不是一片非知识。

泰 这很清楚。

苏 【b】所以，绕了一大圈，我们又回到原先困难的地方。我们那位辩论专家[①]要笑了。他会说："我的好人们，你们的意思是，一个既认识知识又认识非知识的人在想他认识的一个东西是他认识的另一个东西吗？或者说，他既不认识知识又不认识非知识，把他不认识的一个东西判断为他不认识的另一个东西吗？或者说，他只认识一样东西，不认识另一样东西，把他认识的东西判断为他不认识的另一个东西吗？或者说，你们想要从头再来一遍，告诉我你们有关于知识和非知识的另外一

---

① 参阅本文 197a。

套知识，【c】一个人可以拥有关在那个可笑的鸟笼里或者刻在蜡板上的知识，只要他拥有它们，也就认识它们，尽管他并没有打算把它们交给他的灵魂——以这种方式，你们被迫在同一个地方不停地兜圈子，一点儿进步都没有。"对此我们该如何回答，泰阿泰德？

泰　噢，宙斯在上，苏格拉底，我不知道该说什么。

苏　那么，我的孩子，你不认为这个论证也许正在对我们实施一点儿处罚，【d】告诉我们，搁置知识问题而先去探究虚假判断，这样做是错的。除非我们对什么是知识有恰当的把握，否则我们不可能理解什么是虚假判断。

泰　嗯，此时此刻，苏格拉底，我感到必须相信你。

苏　那么，再次从头开始，我们该说什么是知识？我假定，我们还不会放弃吧？

泰　肯定不会，除非你自己放弃。

苏　那么，告诉我，如何定义它我们自相矛盾的危险最小？

泰　【e】用我们前面尝试过的方法，苏格拉底，我想不出其他的方法。

苏　你指的是哪个方法？

泰　我们说过，知识就是真判断。我认为，真判断至少有时候是无错的，它带来的结果也是美好的。

苏　嗯，泰阿泰德，就像那个领人渡河的向导说："它自己会显明"。①【201】要是我们继续探索，我们也许会遇到障碍，它们并不是我们要寻找的东西；但若我们停留在原地，我们就什么都搞不清。

泰　你说得对。让我们继续前进和考虑。

苏　好吧，不过，我们不需要考虑太久，有整个一门技艺向你表明知识并不是你所说的那个东西。

泰　怎么讲？你指的是什么技艺？

苏　智慧的最伟大代表的技艺——这些人被称作演说家和讼师。我

---

①　它自己会显明（δείξειν αὐτό），直译，相当于"试试就知道"。

在想，这些人使用他们的技艺进行说服，不是通过教导，而是使人按照他们自己的意愿来下判断。【b】或者说，你会认为有如此能干的教师，能在漏壶滴水①的短暂时间里，把事情的真相教给那些不在抢劫或其他暴力事件现场的人？

泰 我不这样认为，但他们能说服这些人。

苏 "说服这些人"，你的意思是"使他们断定"吗？

泰 当然。

苏 那么，假定一个陪审团被正当地说服，相信了一些只有目击证人才知道、而其他人无从得知的事实真相；【c】再假定他们由此作出了决定，形成了一个真实的判断。所以，他们是在没有知识的情况下对案子进行了审判，但由于他们被正当地说服了，所以他们审判得当，对吗？

泰 当然对。

苏 但是，我亲爱的孩子，如果真实的判断和知识是一回事，他们就不可能审判得当；在这种情况下，世上最优秀的陪审团也不能在没有知识的情况下形成正确的判断。所以，真实的判断和知识似乎是不同的。

泰 噢，对了，苏格拉底，这正是我曾经听一个人说过的看法，我把它给忘了，不过现在又想起来了。【d】他说，真判断加上一个解释②就是知识，真判断不加解释就是知识以外的东西。他说无法解释的事物不是"可知的"——他们就是这么来称呼这些事物的——而那些有解释的事物是可知的。

苏 你说得确实很好。现在，告诉我，他怎样区别可知的事物和不可知的事物？我想看一下你听说的这种看法和我听说的这种看法是否

---

① 水（ὕωρ），指古代雅典法庭使用的漏壶（κλεψύδρα，滴水计时器）的滴水，用来限制发言者的时间。

② 解释（λόγος）。λόγος 这个词是个多义词，亦有学者译为"理由""说明""说理"，等等。

相同。

　　泰　我不知道我是否能想得起来，不过要是有人能讲述一下，我认为我能跟得上。

　　苏　你听好了，我就要以梦还梦了！①【e】我想，我也在梦中听某些人说过所谓的基本元素②，亦即用来构成我们和其他一切事物的东西，这些基本元素没有解释。它们中的每一个，就其自身而言，只能说出它的名称；不能说它的其他事情，既不能说它在，也不能说它不在。【202】因为这样一说，就意味着我们把在或不在添加给它；而我们一定不要给它添加任何东西，要是我们只说它本身。确实，我们不应当把诸如"本身""那个""每个""这个"这样一些的语词用到它身上，因为这些语词遍及各处，可以用于一切事物，是与它们添加于其上的事物有别的事物；而要是表达元素本身是可能的，那么它一定有它自己恰当的解释。【b】然而，用一个解释来表达任何一个基本元素实际上是不可能的，它只能被命名，因为一个名称就是它拥有的一切。但说到由它们构成的事物，那就是另外一回事了。在这里，正是以元素本身相互之间交织在一起的方式，它们的名称也可以交织在一起，变成关于某个事物的解释——一个基本上是名称组合的解释。就这样，元素是没有解释的和不可知的，但是它们能够被察觉，而复合物既是可知的，又是可以表达的，可以成为真判断的对象。【c】当一个人得到了某个事物的真判断但没有解释时，他的灵魂涉及这个事物确实处于真的状态，但他不认识它；因为若是一个人不能给出并接受关于一个事物的解释，那么他没有关于该事物的知识。不过，当他也拥有了一个解释，那么所有这些事情对他来说都变得可能了，在知识方面他也圆满了。你听到的梦就是这样的，还是不一样的？

　　泰　完全一样。

---

①　苏格拉底在这里把泰阿泰德说的话和他自己要说的话都戏称为"梦"，这段话常被学者称作"梦论"。

②　基本元素（τὰ πρῶτα στοιχεῖα）。

苏 所以，你喜欢这个梦，你认为知识就是真判断加解释吗？

泰 确实如此。

苏 【d】泰阿泰德，那么多有智慧的人经年累月、到老都没能发现的东西，今天在这个时候被你我用手抓住了吗？

泰 嗯，不管怎么说，苏格拉底，刚才这个说法说得很好。

苏 实际情况可能就是这个样子，因为除了解释和正确的判断，知识还能是什么呢？不过，刚才讲的这些观点中有一点我不喜欢。

泰 哪一点？

苏 它看上去是所有观点中最精致的——元素是不可知的，而复合物是可知的。

泰 【e】这样说不对吗？

苏 我们必须把问题搞清楚，因为在说出所有这些话的时候，我们有一些抵押物，可以用作论证的范例。

泰 什么范例？

苏 字母（语言的元素）和音节（复合物）。[①] 提出上述说法的人必定着眼于这个范例，不是吗？——此外还能有别的范例吗？

泰 他肯定在想字母和音节。

苏 【203】那么就让我们来考察它们，或者说，让我们来考察我们自己，看我们是否以这种方式学习字母。先来看，音节可以作解释，而字母不能作解释，对吗？

泰 嗯，也许是吧。

苏 我也是这么看的。假定有人就"苏格拉底"（ΣΩΚΡΑΤΗΣ）这个词的第一个音节向你提问："告诉我，泰阿泰德，什么是ΣΩ？"[②] 你会怎样回答？

泰 ΣΩ就是Σ和Ω。

---

① 字母（στοιχεῖα），这个词亦指语言的元素；音节（συλλαβή），这个词亦指复合物、结合物。

② 苏格拉底名字的第一个音节。

苏 这就是你对这个音节的解释吗？

泰 是的。

苏 【b】那么，请继续，以同样的方式解释 Σ。

泰 有谁能说出字母的发音？苏格拉底，Σ 是一个不发声的字母①，只发出噪音，就像舌头嘶嘶作响。再比如字母 B，既不发声，也没有噪音，其他许多字母也是这样。所以，说它们本身是无法解释的，说得很好。哪怕七个最清晰的字母②也只有声音，不能对它们作任何解释。

苏 所以，在这里，我们已经提出了一个有关知识的观点。

泰 我们好像是这么做了。

苏 【c】嗯，然后我们要说：我们已经说明音节是可知的，而字母是不可知的，行吗？

泰 不管怎么说，这是一个很自然的结论。

苏 你来看，我们说的"音节"是什么意思？它就是两个字母吗？或者更多字母，所有字母？或者说，所谓音节是指通过字母组合而产生的一个统一体？

泰 我认为我们指的是所有字母。

苏 那就以两个字母为例，Σ 和 Ω；这两个字母是我名字的第一个音节。【d】要是一个人认识这个音节，他肯定认识这两个字母吗？

泰 当然。

苏 所以，他认识 Σ 和 Ω。

泰 对。

苏 但是，他对这两个字母一个也不认识，怎么能在一个也不认识的时候认识它们俩呢？

泰 【e】这是一件很奇怪的事，无法解释，苏格拉底。

---

① 指辅音字母。辅音字母有两类，一类不与元音结合就完全不发音，像 B，另一类可以发音，像 Σ，亦称半元音。

② 指古希腊语的七个元音字母：A、E、H、I、O、Υ、Ω。

　　苏　然而，假定为了认识它们俩，必须先按顺序认识每一个，那么要认识一个音节，绝对必要先认识字母。这样一来，我们会发现我们美妙的理论溜走了，完全不见了。

　　泰　这也太突然了。

　　苏　对，因为我们没有看好它。我们也许应当假定音节不是那些字母，而是由它们产生的一个统一体，有其自身单一的本性——与字母不同。

　　泰　对，确实是这样的，这样的假设可能比刚才好。

　　苏　我们必须仔细考察；我们无权以一种懦弱的方式放弃这个重大而又庄严的理论。

　　泰　当然不能放弃。

　　苏　【204】那就按我们提议的去做吧。就让复合物是一个由若干元素复合而成的统一体，当这些元素相互耦合在一起的时候；让这一点既适用于语言，也适用于一般的事物。

　　泰　当然。

　　苏　那么，它一定没有组成部分。

　　泰　为什么？

　　苏　因为，当一个事物有组成部分时，这个整体必须是所有组成部分。或者说，你还用"整体"[①]这个词指那个从组成部分中产生、然而又有别于所有组成部分的统一体？

　　泰　我是这个意思。

　　苏　嗯，你把"总体"[②]和"整体"叫作同一个东西，【b】还是不同的东西？

　　泰　我不确定，但是你一直让我大胆地回答问题，所以我要冒险地说它们是不同的。

　　苏　泰阿泰德，你应该大胆。现在让我们来看你的回答对不对。

---

① 整体（τὸ ὅλον）。

② 总体（τὸ πᾶν）。

　　泰　当然，我们必须这么做。

　　苏　按照你刚才的说法，整体与总体不同吗？

　　泰　对。

　　苏　那么好，全部① 事物与总体有什么不同吗？比如，【c】我们说"一，二，三，四，五，六"，或者说"三的两倍""三乘二""四加二""三加二加一"，在这样的时候，我们说的是相同的事物还是不同的事物？

　　泰　相同的事物。

　　苏　它无非就是"六"吗？

　　泰　对。

　　苏　我们每一种表达说的不全部都是"六"吗？

　　泰　是的。

　　苏　当我们说它们全部的时候，我们不就是在说总体吗？

　　泰　我们肯定说了。

　　苏　它无非就是"六"吗？

　　泰　对。

　　苏　【d】那么，不管怎么说，对于用数组成的全部事物而言，我们说的"总体"和"全部"表示相同的东西。

　　泰　好像是这样的。

　　苏　现在让我们用这种方式来谈论它们。一亩② 的数和一亩是同一个东西吗？

　　泰　对。

　　苏　对一斯塔达③ 来说也一样。

　　泰　对。

　　苏　一支军队的数和这支军队相同吗？在诸如此类的事例中皆如此，它们的总数就是它们各自的总体。

---

① 全部（τὰ πάντα），全体，所有。

② 亩（πλέθρον），一阿提卡亩约为 874 平方米。

③ 斯塔达（σταδίου），希腊人的长度单位，约合 185 公尺。

泰　对。

苏　【e】不过，任何一个事物的数不就是它的组成部分的数吗？

泰　不是。

苏　事物均有其组成部分吗？

泰　好像是的。

苏　既然总数就是总体，那么也就认可了所有组成部分就是总体。

泰　是这样的。

苏　那么，整体并非由部分组成。因为它若是由部分组成，它就是所有组成部分，也就会是总体了。

泰　看起来，整体并非由部分组成。

苏　但是，部分除了是整体的部分，还会是其他任何东西的部分吗？

泰　对，部分是整体的部分。

苏　【205】不管怎么说，你的应战颇为壮烈，泰阿泰德。但是这个"总体"——岂不是当它毫无缺失时才算是总体吗？

泰　必定如此。

苏　"整体"岂不就是同一个东西吗，无论哪个地方都不缺失？一个事物要是有所缺失，它也就既不是整体也不是总体——二者在相同情况下马上产生相同的结果吗？

泰　嗯，我现在认为整体和总体没有任何差别。

苏　很好。我们不是刚说过，当一个事物有部分时，整体、总体和全部是一回事吗？①

泰　确实如此。

苏　再回到我刚才尝试着想要处理的问题上来。假定音节不只是它的字母，【b】那么从中不是可以推论它不能以字母作为它自身的部分吗？换言之，要是音节和字母是相同的，那么它们也必定都是可知的，是吗？

---

① 在 204b 处。

泰　是这样的。

苏　嗯，不正是为了避免这样的结果，我们假定音节和字母不同吗？

泰　对。

苏　那么好吧，如果字母不是音节的部分，那么你能告诉我，它除了是字母以外，它还能是其他什么东西吗？

泰　我确实肯定不能。要是我承认音节有组成部分，苏格拉底，那么撇开字母而去寻找其他组成部分肯定是荒谬的。

苏　那么，泰阿泰德，按照我们当前的论证，音节绝对是一个统一体，【c】不能划分成部分。

泰　看起来是这样的。

苏　那么，我的朋友，前不久，要是你还记得，我们倾向于接受这样一种我们认为处理得很好的观点——我指的是这样一个说法，对那些构成其他事物的基本元素是无法进行解释的，因为这些基本元素自身是非合成的，哪怕把"存在""这个"这些术语运用于它，都是不妥的，因为这些术语指称的事物对这些基本元素来说是不同的、外在的，正是由于这个原因，基本元素是不可解释的、不可知的。你还记得吗？

泰　我记得。

苏　【d】说它是一个统一体，不可分为部分，不也就是这个原因吗？我本人看不出还有其他什么原因。

泰　没有，确实没有其他原因。

苏　但这样一来，复合物不也成了和元素同一类的事物，因为它既没有部分，又不是一个统一体？

泰　对，它肯定有部分。

苏　嗯，好吧，要是复合物既是许多元素，又是一个整体，以元素作为它的组成部分，那么复合物和元素同样能够被认识和表达，因为所有部分都变成了和整体相同的事物。

泰　【e】对，确实如此。

苏　另一方面，要是复合物是个单一体，没有组成部分，那么复合体和元素同样都是不可解释的和不可知的——相同的原因使它们出现这种情况。

泰　我无法加以驳斥。

苏　那么，要是有谁试图告诉我们，复合物能够被认识和被表达，与此相对的元素也一样，那么我们最好不要听他的。

泰　对，我们最好不要听他的，要是我们坚持这个论证。

苏　【206】还有，你自己学习阅读和书写的体会岂不让你更容易相信提出相反观点的人？

泰　你指的是什么体会？

苏　我指的是，当你在学习的时候，你只是在不断地努力通过眼睛和耳朵辨认字母，把它们每一个都独立分辨出来，以免在书写和讲话时让字母所处的不同位置把你搞糊涂了。

泰　你说得很对。

苏　在音乐教师那里，最有造诣的学生不就是那个能精确识别每一个音符，并说出它们出自哪根弦的人吗【b】——而人们一般都承认，音符是音乐的元素？

泰　完全正确。

苏　那么，要是从我们自己熟悉的元素和复合体出发，进而推广到其他事物，那么我们会说元素可以被更加清楚地认识，对于掌握任何一门学问而言，有关元素的知识比有关复合体的知识更加重要。如果有人坚持复合体本性上是可知的，而元素本性上是不可知的，那么我们都会认为他在开玩笑，无论他是有意的还是无意的。

泰　噢，确实是这样的。

苏　【c】我想，要证明这一点也还有其他方式。但是我们一定不能让它们把我们的注意力引向别处，乃至于忘了当前的问题。我们想要弄明白，真判断加上解释就成了圆满的知识，这样说究竟是什么意思。

泰　嗯，是的，我们一定要弄明白。

苏　那就来吧！"解释"这个术语究竟是什么意思？我想必定是下面三个意思中的一个。

泰　哪三个意思？

苏　【d】第一个会是，通过由动词和名词组成的语音来显示人的思想——一个人把他的判断的影像投射到口中发出的气流中，就像镜中或水中的倒影。你认为这种东西是解释吗？

泰　是的。至少，这样做的人在作解释。

苏　但这不是每个人或多或少或迟或早都能做的事情吗——我的意思是，把他对一个事物的想法表达出来，只要他不是天生的聋子和哑巴？这样的话，无论谁有了正确的判断，都会变为有了"对它的解释"，【e】而没有知识的正确判断在任何地方都找不到。

泰　对。

苏　嗯，我们也一定不要过于轻率地指责我们面前这位知识定义的作者是在胡说。这可能并非他的本意。【207】他的本意可能是，当被问及一个事物是什么的时候，能用它的元素来回答这个问题。

泰　能举个例子吗，苏格拉底？

苏　比如，赫西奥德在谈到马车的时候就是这么办的，他说："马车有上百块木头。"① 我不能叫出每块木头的名称，我想你可能也做不到。但若有人问什么是车，要是我们能回答，"车轮、车轴、车身、车厢、车轭"，也就差强人意了。

泰　确实如此。

苏　但是他可能会认为我们很可笑，就好像有人问我们你的名字是什么，而我们用那些音节来回答。【b】因为尽管我们的判断和表达可以是正确的，但若我们自以为就是文法家，能像文法家那样给泰阿泰德的名字提供一个解释，那么在这种情况下，他会认为我们是可笑的。而事实上，无人能够用知识为一个事物提供解释，直到加上他的真判断，正确地说出事物的各一个元素——我想我们在前面说过这一点。②

---

① 赫西奥德：《工作与时日》456。

② 参见本文 201e。

泰　对，我们说过。

苏　在马车这个例子中，以同样的方式，他会说我们确实拥有正确的判断，【c】而那位能够通过上百个部件而详细阐述马车本质的人为他的正确判断添加了一个解释。就是这个人，从仅仅是判断进到关于马车的本质的专门知识，诉诸于马车的元素，达到了对马车整体的认识。

泰　你不认为这种观点很全面吗，苏格拉底？

苏　嗯，要是你觉得它很全面，把你的想法告诉我。告诉我你是否打算接受这种观点，解释就是把一个事物的各个元素说出来，而指出一个事物是复合物或更大的单位仍旧缺乏解释。【d】然后我们可以再来讨论。

泰　我肯定打算接受它。

苏　还有，对同一个事物，当一个人时而相信它属于这个事物，时而相信它属于另一个事物，或者说，他时而判断这个事物、时而判断另一个事物属于同一个事物，那么你认为他对于任何一个事物有知识吗？

泰　不，我确实不这么认为。

苏　那么你忘了，当你学习阅读和书写的时候，你和其他孩子不就是这么做的吗？

泰　【e】你的意思是，我们时而认为一个字母、时而认为另一个字母属于同一个音节，或者把同一个字母时而放入一个恰当的音节，时而放入另一个音节？

苏　这正是我的意思。

泰　那么我肯定没有忘记，我也不认为可以说处在这个阶段的人是有知识的。

苏　好，假定有个人处于这个阶段，他在写"泰阿泰德"（ΘΕΑΙΤΗΤΟΣ）这个名字；他认为他应该写ΘΕ，而且这样写了。【208】然后假定在别的时候，他试着写"塞奥多洛"（ΘΕΟΔΩΡΟΣ），这一次他认为应该写ΤΕ，而且就这么写了。我们要说他认识你们名字的第一个音节吗？

泰　不。我们已经承认，处于这个阶段的任何人还没有知识。

苏　有任何事情阻碍同一个人在涉及第二个、第三个、第四个音节的时候处于相同状况吗？

泰　不，没有。

苏　嗯，在他写"泰阿泰德"的时候，不仅带着正确的判断，而且把握了贯穿字母的路径，所以无论什么时候，他都会按序书写这些字母。

泰　对，这很清楚。

苏　【b】尽管带着正确的判断，但仍旧没有知识——这是我们的观点吗？

泰　是的。

苏　然而，在拥有正确判断之余，他还拥有解释。你瞧，他掌握了贯穿字母的路径，而我们同意这就是解释。

泰　对。

苏　所以，我的朋友，我们有了一种带着解释的正确判断，然而它还不能被称作知识。

泰　恐怕是这样的。

苏　所以，我们以为自己已经找到了关于知识的最正确的解释，但实际上只不过是黄粱美梦。或者说，我们指控得太早了？【c】也许这并非"解释"的意思。我们说过，把知识定义为带解释的正确判断的人会在"解释"的三种意思中选一种。也许最后这种意思才是他的选择。

泰　你提醒得对。还剩下一种可能性。第一种意思是，思想在语音中的影像；我们刚才讨论的是第二种，贯通各元素而达到整体的路径。现在，你提议的第三种是什么？

苏　就是许多人都会说的那个意思，也就是能够说出所问的事物区别于其他所有事物的标志。

泰　你能举个例子来说明这种对事物的解释吗？

苏　【d】嗯，要是你喜欢，就以太阳为例。我想你会对这个解释感到满意的，它是环绕大地的天体中最明亮的。

泰　噢，对，相当好。

苏　现在我想要你把握这种解释的要点。也就是我们刚才说的，要是你把握了一个事物与其他所有事物的差别，那么如某些人所说，你就拥有了对它的一个解释；但若你只是确定了该事物与其他所有事物的共同点，那么你的解释就成了对具有这个共同点的所有事物的解释了。

泰　【e】我明白了，我认为这种东西可以很好地被称作解释。

苏　还有，要是一个人拥有对任一事物的正确判断，此外又把握了该事物与其他一切事物的差别，那么他就成了这个事物的认识者，而在此之前他是一个判断者。

泰　不管怎么说，这是我们现在的主张。

苏　嗯，泰阿泰德，现在，想到我们的论述，我就像一个人在观看一幅布景画，当我靠近它的时候，我根本看不懂，而当我往后退的时候，它好像还有点儿意思。

泰　怎么会这样呢？

苏　【209】我来看是否能做些解释。假定我对你形成了一个正确的判断，再加上关于你的一个解释，那么我认识你。否则的话，我只是在判断你。

泰　是的。

苏　解释就是揭示你和其他所有事物之间的差异。

泰　是这样的。

苏　所以，当我只是在下判断的时候，我的思想不能把握你和其他所有人之间的差异。

泰　显然不能。

苏　我心里拥有的好像是某些共同特点——它并不更加属于你而不属于其他人。

泰　【b】必定如此。

苏　那么告诉我，宙斯在上，要是事情是这样的话，我判断的对象怎么能够更加是你而不是其他人？假定我这样想，"这是泰阿泰德，他是一个人，有鼻子、眼睛和嘴巴"，就这么讲下去，把身体的每一个肢体全都说出来。这样想就能使我认为这是泰阿泰德，而不是塞奥多洛或如常言所说的"最微不足道的密细亚①人"吗？

泰　怎么会呢？

苏　但是，假定我不仅想"一个有鼻子有眼睛的人"，而且还想"一个塌鼻暴睛的人"。【c】这样我就能更加判断这是你，而不是我和其他塌鼻暴睛的人吗？

泰　根本不能。

苏　我想，除非你的塌鼻子特征在我心里留下记忆，与我以往所见的塌鼻子有差异，而且你之所以成为你的其他特征亦如此，否则我心里的判断不会是你泰阿泰德。要是我明天碰到你，这个记忆会提醒我，让我能对你正确地下判断。

泰　完全正确。

苏　【d】所以，正确的判断也必须涉及事物的差异。

泰　显然如此。

苏　那么，这个"把一个解释添加到正确判断上去"还会是什么呢？一方面，如果它的意思是我们必须作出另一个判断，通过添加某个事物与其他事物之间差异的方式，那么这样的要求是非常荒谬的。

泰　怎么会？

苏　因为我们对一个事物与其他事物之间的差异已经有了一个正确的判断，然后又要求我们添加一个关于它与其他事物之间差异的方式。【e】比起这种绕圈子，在密码棒②上绕带子或者用磨盘碾东西都不算什么了；称之为"盲人给盲人指路"可能更为恰当。要我们加上我们已经拥有的东西，以便认识我们已经下了判断的东西，这太像被蒙上眼睛的

---

① 密细亚（Μνία），地名，小亚细亚西北部的一个地区。传说那里的人特别羸弱，微不足道。

② 密码棒（σκντάλη），古希腊人在木棍上绕上皮带之类的东西，然后在上面书写机密内容，接受者需要用一个相同尺寸的木棒将密码条绕在上面进行解读。

人的行为了。

　　泰　那么，另一方面呢？你刚才提问时还想说什么？

　　苏　嗯，要是"添加解释"的意思是要求我们去认识差异，而不仅仅是对事物下判断，那么我们对知识的这个美妙解释就变得太有趣了。因为认识当然就是"获得知识"，不对吗？

　　泰　对。

　　苏　【210】所以，对"什么是知识"这个问题的回答会是"正确的判断伴以有关差异性的知识"——因为这就是要我们用"添加解释"来理解的意思。

　　泰　显然如此。

　　苏　当我们试图发现什么是知识的时候，有人告诉我们说，它就是正确的判断伴以有关差异性的知识，或者别的什么知识，这样说岂不是太愚蠢了？所以，泰阿泰德，知识既不是感觉，也不是真实的判断，【b】更不是真实的判断加解释。

　　泰　好像不是。

　　苏　好吧，我的孩子，关于知识，我们还处在怀孕和待产期吗？或者说，我们已经把它们都生下来了？

　　泰　宙斯在上，对我来说，苏格拉底，你使我说出来的东西远远多于我本来拥有的东西。

　　苏　那么好，我们的产婆技艺会告诉我们，所有这些产物都是风卵，不值得养育吗？

　　泰　确定无疑。

　　苏　所以，泰阿泰德，假定你以后应当尝试怀孕，【c】或者说应当成功地孕育其他理论，那么作为这个探究的结果，它们都会比较好。但若你仍然不育，你也会对你的同伴少一些粗暴，多一些温和，因为你有了自知之明，不会认为自己认识自己不认识的东西。我的技艺所能做到的就这些了，再没有别的了。我不认识其他人——当今和以往那些伟大而又神奇的人——认识的任何事物。但是我母亲和我的这种产婆的技艺是上天所赐，她给妇女接生，【d】我给年轻、高尚的男子接生，他们全都是美的。

　　现在，我必须去王宫柱廊了，应付美勒托①对我的指控。不过，让我们明天早晨再到这里来相聚，塞奥多洛。

---

① 美勒托（Μέλητος），人名，苏格拉底的指控者。参阅《申辩篇》。

巴门尼德篇

提　要

　　本篇属于柏拉图后期对话，以主要谈话人巴门尼德的名字命名。公元 1 世纪的塞拉绪罗在编定柏拉图作品篇目时，将本篇列为第三组四联剧的第一篇，称其性质是"逻辑性的"，称其主题是"论型相"。① 谈话篇幅不长，译成中文约 3 万 3 千字。

　　本篇在对话形式上采用三重转述，即由凯发卢斯转述安提丰的讲述，而安提丰的讲述内容又是从皮索多鲁那里听来的。柏拉图以这种方式表示巴门尼德、芝诺和苏格拉底之间的谈话发生在几十年以前。当时巴门尼德已是 65 岁左右的老人，芝诺大约 40 岁，正当壮年，而苏格拉底还是个年轻人。(127b) 学者们一般否认这场会晤和谈话的真实性，认定它是柏拉图创作的产物。在柏拉图的早期和中期对话中，苏格拉底是主要发言人，主导谈话，而在本篇中，巴门尼德取代了苏格拉底的地位，主导了这场谈话。

　　本篇基本结构如下：

　　绪言（126a—127e），交代对话背景，提到巴门尼德、芝诺和苏格拉底在雅典相遇，进行了一场谈话。

　　第一部分（127e—136e），谈话人巴门尼德批评少年苏格拉底的型相论。"型相"是柏拉图哲学的核心概念。少年苏格拉底认为型相凭其自身而存在，具体事物由于分有型相而与型相持有同样的名称，型相和

---

① 　参阅第欧根尼·拉尔修：《名哲言行录》3：58。

同名的具体事物的关系是对立和分离的。巴门尼德详细询问少年苏格拉底哪类事物有型相，哪类事物没有型相？少年苏格拉底回答：他承认"相似""一""正义""善"这些类别的事物有型相；他无法确定"人""火"这类事物有没有型相；他否认"头发""泥土""污垢"这样的事物有型相。巴门尼德分析了这种"型相论"将会遇到的种种不可克服的困难，要求少年苏格拉底改变研究方式，一方面坚持型相的存在而非否定型相，另一方面接受思想训练，拯救这种理论。

第二部分（136e—166c），巴门尼德为众人进行演示，引导他人进行思想训练。在这一过程中，探讨了大量的哲学范畴，进行逻辑推论。巴门尼德演示的时候，由阿里斯多特勒做简短回应。巴门尼德演示的八组假设如下：第一组（137d），前提"如果一是"（如果一是一），推论一会如何；第二组（142c），前提"如果一是"（如果一分有是），推论一会如何；第三组（157b），前提"如果一是"（如果一和是结合），推论其他会如何；第四组（159b），前提"如果一是"（如果一分有是），推论其他会如何；第五组（160b），前提"如果一不是"（如果一相对不是一，是异于其他的），推论会有什么结果；第六组（163c），前提"如果一不是"（如果一绝对不是一），推论会有什么结果；第七组（164b），前提"如果一不是"（如果一相对不是一），推论会有什么结果；第八组（165e），前提"如果一不是"（如果一绝对不是一），推论会有什么结果。

陈康先生指出："柏拉图的著作几乎每篇都是一个谜，而《巴曼尼得斯篇》是所有谜中最大的一个。"[①] 本文翻译和理解的难点在于对希腊词 εἰμί 及其派生词和词组的理解。εἰμί 这个词是多义词，笔者主张对这些词进行语境化的相关处理。[②] στί 是 εἰμί 的第三人称单数，本文一般译为"它是"或"它在"；εἰναι 是 εἰμί 的动词不定式，一般译为"是"或"在"；ὄν 是 εἰμί 的分词，加上冠词 το，一般译为"是者"或"在者"。Οὐσία 是一个与 εἰμί 关系密切的词，本文译为"实在"。

---

① 陈康译注：《柏拉图〈巴曼尼得斯篇〉》，商务印书馆 1982 年版，第 7 页。
② 参阅拙著：《跨文化视野下的希腊形上学反思》，人民出版社 2014 年版。

正　文

谈话人：凯发卢斯

【126】从克拉佐门尼①离家以后，我们抵达雅典，在广场上遇到阿狄曼图②和格老孔③。阿狄曼图拉着我的手说："欢迎你，凯发卢斯④！要是有什么事需要我们帮忙，请你跟我们讲。"

"实际上，我正是为此而来。"我答道，"要请你们帮忙。"

"告诉我们你需要什么。"他说。

【b】我答道，"你的同母异父的兄弟——他叫什么名字？我忘了。我上次从克拉佐门尼来这里的时候，他还是个孩子——那是很久以前的事了。我记得他父亲的名字叫皮里兰佩⑤。"

"是的，没错，"他说。

"他的名字呢？"

"安提丰⑥。但你干嘛要问这些事？"

"这些人是我的同胞公民，"我说，"热心的哲学家，他们听说这位安提丰经常和芝诺⑦的一位朋友、一个名叫皮索多鲁⑧的人来往，【c】能够凭记忆复述当年苏格拉底、芝诺、巴门尼德之间的一场讨论，因为安提丰经常听皮索多鲁讲起这件事。"

"没错。"他说。

---

① 克拉佐门尼（Κλαζομένιος），地名，希腊伊奥尼亚地区的一个城邦。

② 阿狄曼图（Αδείμαντος），阿里斯通之子，柏拉图的兄弟。

③ 格老孔（Γλαύκων），阿里斯通之子，柏拉图的兄弟。

④ 凯发卢斯（Κεφάλους），人名。

⑤ 皮里兰佩（Πυριλαμπους），柏拉图的继父，雅典民主派政治家伯里克利的支持者。柏拉图的生父去世后，他的母亲改嫁给他的堂叔皮里兰佩。

⑥ 安提丰（Αντιφων），柏拉图同母异父的兄弟。

⑦ 芝诺（Ζήνω），公元前 5 世纪爱利亚学派哲学家。

⑧ 皮索多鲁（Πυθοδώρυς），芝诺的学生，后来成为一名智者，并负有盛名。

"嗯，我们想听这场讨论。"我答道。

"这一点儿也不难，"他说。"安提丰年轻时就把它背熟了，尽管这些日子，像他那同名祖父一样，他把大部分时间花在马匹身上。如果这就是你们想要得到的帮助，那就让我们去他家。他刚离开这里回家，不过他住得很近，就在梅利特①。"

【127】这番寒暄之后，我们就去了他家，发现安提丰正在家里，交代铜匠打造一种马嚼。等他和铜匠把事情谈完，他的兄弟就把我们的来意告诉他，而他竟然还能认出我来，跟我打招呼，记起我上次的来访。我们请他复述那场讨论，他起初有些犹豫——他说，这不是一件容易的事。不过，到了最后，他还是详细地复述了整场讨论。

安提丰说，他听皮索多鲁说，芝诺和巴门尼德曾经来参加泛雅典娜大节②。【b】巴门尼德那个时候已经相当老了，头发花白，但是相貌堂堂，大约六十五岁。芝诺当时接近四十岁，身材高挑，相貌俊美，如传言所说，当他还是个孩子的时候，就是巴门尼德钟爱的对象。【c】安提丰说，他们俩和皮索多鲁待在一起，就在城墙外的凯拉米库，③而苏格拉底和其他一些人也过来了，因为他们渴望聆听芝诺宣读他的文章④，这篇文章是他和巴门尼德头一次带到雅典来的。苏格拉底那个时候还很年轻。

芝诺本人为他们朗读文章，而巴门尼德正巧出去了。【d】如皮索多鲁所说，当他自己从外面进来的时候，文章已经快要念完了，和他一起进来的有巴门尼德和后来成为"三十僭主"之一的阿里斯多特勒⑤。他

---

① 梅利特（Μελίτη），地名，雅典城西的一个地方。

② 泛雅典娜节（Παναθήναια），全希腊性质的节庆，各城邦都会派人来参加，祭祀雅典保护神雅典娜。

③ 凯拉米库（Κεραμεικώς），地名，雅典城西北的陶器市场，一部分在城墙外，一部分在城墙里。

④ 文章（γράμμα），亦译，"书""书卷""抄本"。

⑤ 阿里斯多特勒（Ἀριστοτέλης），人名。公元前403年，雅典民主政制被推翻，由"三十人委员会"掌权，施行暴政，史称"三十僭主"，阿里斯多特勒是该委员会的成员。为区别于后来的大哲学家亚里士多德，中译名译为阿里斯多特勒。

们只听了文章的最后一小部分。但皮索多鲁本人不是这样，他以前就听芝诺朗读过整篇文章。

听了朗读，苏格拉底请芝诺把第一个论证中的第一个假设再念一遍，【e】芝诺照办了。苏格拉底说，"芝诺，你这样说是什么意思：假定事物①是多②，那么它们必定既相似③又不相似④。但这是不可能的，因为不相似的事物不会相似，相似的事物也不会不相似？这就是你说的，不是吗？"

"是的。"芝诺说。

"假定不相似的事物不会相似，或相似的事物不会不相似，那么事物是多不也是不可能的吗？这是因为，要是它们是多，它们就会拥有不相容的属性。这是你的论证要点吗——想要坚持事物不是多，反对一切与之相反的成见？你假定你的每一个论证都是这种立场的证明，所以你认为你提出了许多事物不是多的证明，如你文章中所说的那样，是吗？【128】这是你的意思吗，或者说是我误解了你的意思？"

"不，"芝诺答道。"正好相反，你极好地掌握了这篇文章的要旨。"

"巴门尼德，"苏格拉底说，"我明白芝诺想要和你保持亲密关系，不仅在友谊中，而且在他的文章里。他以某种方式写了一些和你观点相同的东西，但形式上做了一些改变，以此哄骗我们，让我们误以为他说了某些不同的事情。【b】你在你的诗歌中断言'宇宙是一'⑤，并且对此

---

① 事物（τὰ ὄντα），复数，亦译存在物、东西、万有。

② 多（πολλά），亦译好多、许多、杂多、众多。

③ 相似（ὅμοιά），亦译相像。

④ 不相似（ἀνόμοια），亦译不像，不似。

⑤ 宇宙是一（ἐν εἶναι τὸ πᾶν）。"τὸ πᾶν"的意思是宇宙、万有、一切事物、所有存在物。"ἐν"的意思是一（数字）、元一、单一、同一、合一、统一。陈康先生将巴门尼德的这个命题译为"一切是一"，但又指出巴门尼德的核心命题是"万有是一"。巴门尼德主要在与"多"相对的意义上使用"一"。巴门尼德残篇说："存在还是不可分的，因为它是完全一样的，它不会这里多些，那里少些，因而妨碍存在联系在一起，倒不如说存在是充满的、连续的，存在和存在是紧紧相连的。"（DK28B8，22—25）

作了卓越的证明。所以你们俩一个说'一'，另一个说'非多'，你们各自用这样的方式来讲话，表明你们所说的不一样——尽管你们的实际意思相同——你们的讲话好像超出了我们这些常人所能理解的范围。"

"你说得对，苏格拉底，"芝诺说。"但你并没有完全察觉我的文章的真意，尽管你机灵得就像一只斯巴达猎犬，寻找和跟踪文章中的论证的线索。【c】有一点你从一开始就疏忽了。这篇作品并不像你所说的那样想要存心欺骗公众，好像欺骗是一件值得骄傲的事情似的。你指出的这些事情都不是主要的。实际上，这篇文章要为巴门尼德的论证辩护，反对那些试图取笑他的论证的人，【d】他们说，要是设定'宇宙是一'，就会推导出许多谬误和自相矛盾的结论。因此，我的文章旨在驳斥那些肯定多的人，把他们的攻击还置其身，通过彻底考察，揭示从他们那个'宇宙是多'的前提中推导出来的更加可笑的结论。这篇文章是我年轻时写的，充满好胜心。有些人未经我的允许就传抄我的文章，所以我甚至没有机会考虑要不要把它公诸于世。【e】所以，苏格拉底，在这个方面你搞错了，你以为它不是一个年轻人的好胜心的产物，而是出自一个成年人空洞的荣耀感。还有，如我所说，你的描述还是相当不错的。"

"我接受你的看法，"苏格拉底说，"我相信事情就像你说的这样。【129】但是请你告诉我，你不承认有一个凭自身存在的名为'相似'的型相① 和有另一个与之相反的、名为'不相似'的型相吗？你和我，以及其他被我们称为多的事物，不分有② 这两个实在吗？凡是分有相似这个型相的事物，在这个方面并在其分有的范围内，就变成相似的，凡是分有不相似这个型相的事物就变成不相似的，而那些分有这两个型相的事物就成为既相似又不相似，不是吗？哪怕所有事物都分有这两个型相，尽管它们是对立的，并且由于分有它们而变得既相似又不相似，那

---

① 型相（εἶδος，复数 εἴδη），柏拉图哲学的核心概念。该词的中译名有理型、埃提、理念、观念、概念、形、相、形式、意式、通式、原型、理式、范型、模式、榜样、模型、式样，等等。本文通译为"型相"。

② 分有（μεθέξις）。

又有什么可感到奇怪的呢？

【b】"如果有人说明相似者本身变得不相似或变得不相似的相似，我想，那才是一件咄咄怪事；但若他指出分有这两个型相的事物同时具有这两种性质，那么，芝诺，我感到这没什么可奇怪的，更不必说要是有人说明所有事物由于分有一而是一，同样的事物由于分有多而是多了。【c】如果他想要证明，这个事物本身，是一的这个东西，是多或者正好相反，证明多本身是一，那么我倒要开始感到奇怪了。

"在其他情况下也一样，如果他能说明种①和型相本身在它们自身中具有这些相反的性质，那么就有理由表示惊讶。但若有人要证明我既是一又是多，那又有什么可惊讶的呢？他会说，当他想要说明我是多的时候，他可以说我的右侧和我的左侧不同，我的前身与我的后背不同，我的上身和我的下身不同，因为我确实分有多。【d】当他想要证明我是一的时候，他会说我是我们这七个人中的一个，因为我也分有一。就这样，他说明这两种情况都是对的。

"所以，论及木棍、石头这样的事物，如果有人试图说明同一个事物既是一又是多，我们会说他正在证明某个事物既是一又是多，而不是在证明一是多或多是一，我们会说他说的事情没什么可奇怪的，而是我们全都会同意的。但若有人首先按照型相本身来区别型相，如我刚才所说，比如相似和不相似、【e】多和一、静止和运动，等等，然后说明这些型相本身可以相互结合或分离②，那么，我会说，芝诺，这件事太惊人了。我认为你已经在你的文章中非常有力地处理了这些问题，但是如我所说，要是有人能够像你和巴门尼德一样克服困难，在可见事物中解决这个令人困惑的问题，【130】也能展示这些型相本身以多种方式相互纠缠在一起，那么我一定会留下更加深刻的印象，这些事情都需要用理智来把握。"

皮索多鲁说，当苏格拉底在那里高谈阔论的时候，他时不时地在提

---

① 种（γένος）。

② 分离（χωρισμός）。

防巴门尼德和芝诺被激怒，然而他们俩却听得非常仔细，不断地相互交换眼神，会心地微笑，就好像他们还蛮佩服他的。实际上，巴门尼德在苏格拉底讲完以后说的话就确认了这一点。"苏格拉底，"他说，【b】"你对讨论的热情令人钦佩！你自己就以你提到的方式区分了某些型相本身和分有这些型相的事物，是吗？你认为相似本身是某个东西，与我们拥有的相似性是分离的吗？还有一与多，以及你刚才在芝诺宣读文章时听到的所有东西？"

"我确实作了区分。"苏格拉底答道。

"那么这些东西如何？"巴门尼德问道。"有一个凭自身存在的'正义'的型相、'美'的型相、'善'的型相，以及所有诸如此类的东西吗？"

"有。"他说。

【c】"有一个'人'的型相吗，它与我们以及其他所有人分离？有一个'人'的型相本身吗，或者'火'的型相、'水'的型相？"

苏格拉底说："巴门尼德，对这些东西我经常感到困惑，我不知道该用和其他型相相同的方式还是不同的方式谈论这些东西。"

"这些东西如何，苏格拉底？说头发、泥土、污垢，或其他微不足道、卑贱的事物也有型相，会被认为是荒谬的吗？【d】你是否应当说一个型相与其他每一个型相是分离的，型相是我们用手可以把握的事物之外的东西，对此你感到困惑吗？"

"我一点儿也不困惑。"苏格拉底答道。"正好相反，这些东西实际上就是我们看见的东西。假定这样的东西也有型相，确实太古怪了。想到同样的道理应当适用于所有事例，我经常感到不安。所以，每当我想到这一点，我就后退，害怕失足掉进愚昧的无底深渊，受到伤害；然而，当我一回想我们刚才同意说有型相的时候，我就在那里徘徊和思考。"

【e】"那是因为你还太年轻，苏格拉底，"巴门尼德说，"还没有掌握哲学，但我相信，你将来会掌握的，到那时你就不会思考你注意到的这些事情了。而现在，由于年轻，你还需在意其他人的想法"。

"不过，告诉我，如你所说，有某些型相，其他事物通过分有它们而获得它们的名称,【131】比如,事物由于分有一份相似性而成为相似的,分有一份大性而成为大的,分有一份正义性和美性而成为正义的和美的,这是你的看法吗?"

"确实是。"苏格拉底答道。

"那么,每个事物分有的是整个型相还是型相的一部分?或者说,除了这两种,还有别的分有方式吗?"

"怎么还会有别的方式?"他说。

"那么,你认为,作为整体的型相——一个东西——处于多个事物中的每一个事物中吗?或者说,你是怎么想的?"

"有什么事情会阻止型相是一吗,巴门尼德?"苏格拉底说。

【b】"那么,自身既是一又是相同,它会同时作为一个整体处于多个分离的事物之中,但这样一来,它就会与它自身分离。"

"不,不会的。"苏格拉底说。"哪怕在同一天,像一这样的东西也不会这样。它同时处于许多地方,但决不会与自身分离。如果是这样的话,每一型相可以在相同的时间里,在所有事物中,既是一又是相同。"

"苏格拉底,"他说,"太妙了,你使同一事物同时处于许多地方!就好像你用一张帆去覆盖许多人,然后说作为整体的一个事物覆盖了多个事物。或者说,这不是你的意思?"

"也许是吧,"他答道。

【c】"在这个事例中,是作为整体的这张帆覆盖了每一个人,还是帆的一部分覆盖一个人,帆的另一部分覆盖另一个人?"

"部分。"

"所以,型相本身是可分的,苏格拉底。"他说,"分有型相的事物分有一部分型相,处于每个事物中的不再是整个型相,而只是它的一部分。"

"好像是这样的。"

"那么,苏格拉底,你愿意说我们的型相确实是可分的吗?它还仍旧是一吗?"

"肯定不是。"他答道。

"你说得对。"巴门尼德说。"假定你要分割大本身。【d】如果许多大的事物由于分有了一部分大而比大本身小，这样说难道合理吗？"

"确实不合理。"他答道。

"下面这一点如何？当相等的部分小于相等本身时，得到相等的一小部分的每个事物变得与其他任何事物相等吗？"

"这是不可能的。"

"嗯，假定我们中的一个人拥有了小的一部分。这个小本身大于小的这个部分，由于这个部分是小的一部分；所以小本身就是较大的了！【e】但是任何一个减去一部分的事物都会变得比以前小，而不是大。"

"这种事肯定不会发生。"他说。

"那么，苏格拉底，要是其他事物既不可能得到一部分型相，又不可能得到整个型相，那么它们以什么方式来分有你的型相呢？"

"宙斯在上！"苏格拉底喊道。"要确定这一点决非易事！"

"下面这个问题你怎么想？"

"什么问题？"

【132】"我假定你基于下述理由认为每个型相是一：有一定数量的事物在你看来是大的，也可能它们都具有某一种性质，你在看它们的时候它们全都是大的，因此你就得出大是一这个结论。"

"没错。"他说。

"大本身和其他那些大的事物怎么样？假定你用心灵的眼睛以同样的方式看它们全部，岂不又会由于某一个事物显得大，而其他所有事物也都显得大吗？"

"好像是这样的。"

"所以，另一个与大本身和分有大的事物一道产生的大的型相会显现，并且覆盖所有这些东西，【b】由此这些东西也都会是大的。这样一来，你的每一个型相都不再是一，而是无限的多。"

"但是，巴门尼德，这些型相中的每一个也许是一个思想。"苏格拉底说，"只恰当地出现在心灵中。以这种方式它们中的每一个都是一，也不再面临刚才提到的这些困难。"

"你这是什么意思?"他问道。"每个思想都是一,但却是没有对象的思想吗?"

"不,这是不可能的。"他说。

"倒不如说,它是对某个事物的思想?"

"对。"

【c】"它是对某个存在的事物的思想,还是对某个不存在的事物的思想?"

"它是对某个存在的事物的思想。"

"它不是对这样一个事物的思想吗,认为这个事物覆盖所有具有某种性质的事例?"

"是的。"

"那么这个被认为是一、在所有例证中保持相同的事物不就是一的型相吗?"

"这也好像是必然的。"

"下面这一点如何?"巴门尼德说。"既然你宣称其他事物分有型相,那么你不是也必定认为,要么每一个事物都是由思想组成的,一切事物皆思,要么认为,尽管它们是思想,它们却不思?"

"这也是不合理的,巴门尼德。"他说。"不,事情在我看来最有可能是这样的:【d】这些型相就好像是在自然中确立的类型,其他事物与型相相似,型相与事物是相似的;所谓其他事物对型相的分有无非就是按照型相塑造事物。"

"如果某个事物与型相相似。"他说,"按照型相塑造出来的这个事物,就其是一个按照型相塑造出来的事物而言,它能与型相不相似吗?或者说,某个相似的事物能以某种方式和与它不相似的事物相似吗?"

"没有办法。"

【e】"相似的事物不是必定要与那个和它相似的事物分有同一个型相吗?"

"对。"

"但若相似的事物通过分有某个东西而相似,这个东西不就是型相本身吗？"

"毫无疑问。"

"然而，没有任何事物可以和型相相似，型相也不能和其他事物相似。否则，就会有另一个型相随之出现；【133】要是这个型相和任何事物相似，又会有另一个型相出现；要是这个型相被证明和分有它的事物相似，新型相的产生决不会停止。"

"你说得很对。"

"所以，其他事物不能通过相似而分有型相，我们必须寻找它们分有型相的其他方式。"

"好像是这样的。"

"那么，你明白了吗，苏格拉底。"他说，"要是一个人把一些东西标定为自在的型相，这样做会有多么大的困难？"

"我很清楚。"

"我向你保证。"他说，"你还没有明白这个困难有多大，要是我可以这样说的话，【b】如果你要为你所区分出来的每一类事物建立一个型相。"

"怎么会这样呢？"他问道。

"原因很多。"巴门尼德说，"但主要原因是：假定有人会说，如果这些型相就像我们说的这个样子，那么它们不可能被认识。要是有人提出这种反对意见，你不可能对他说他错了，除非这名反对者正好经验丰富、禀赋极强，愿意聆听你的看法，让你努力把方方面面的考虑告诉他。否则的话，这个坚持型相不可认识的人是不会信服的。"

【c】"为什么会这样，巴门尼德？"苏格拉底问道。

"因为我想，你苏格拉底和其他任何肯定每个事物仅凭自身而存在的人，一开始都会同意这些存在的事物没有一个在我们身上。"

"对，它怎么能够仅凭自身而存在呢？"

"很好。"巴门尼德说。"所以，所有存在的性质都处于它们之间的相互关系中，而非处于和属于我们的事物的关系中。【d】一个人无论把后者确定为相似或者以别的什么方式通过对它们的分有，才会用它们的各种名称来称呼我们。这些属于我们的东西，尽管它们与型相同名，但处于它们与它们自身的关系中，而不处于它们与型相的关系中；以这样的方式，所有这样命名的事物都是它们自身的东西，而不是型相的东西。”

“你这是什么意思？”苏格拉底问道。

“举个例子吧，”巴门尼德说，“假定我们中间有一个人是某人的主人，或者是某人的奴隶，他肯定不是主人本身（主人的型相）的奴隶，【e】这个主人也不是奴隶本身（奴隶的型相）的主人。正好相反，作为一个人，他是一个人的主人或奴隶。另一方面，主人本身就是奴隶本身的主人，奴隶本身也同样就是主人本身的奴隶。在我们中间的事物就其对型相的关系而言没有能力，型相就其对我们的关系而言也没有能力；但是我要再重复一下，型相是它们自己的型相，与它们自己有关系，【134】而属于我们的事物，也以同样的方式，与它们自己有关系。你确实明白我的意思了吗？”

“当然，”苏格拉底说，“我明白了。”

“所以，”他说，“知识本身（是知识的那个东西）就是关于真相本身（是真相的那个东西）的知识吗？”

“确实如此。”

“还有，每个具体知识（是什么的那个东西）就是关于某个具体事物（那个存在的东西）的知识。不是这样吗？”

“是的。”

“然而，属于我们的知识不就是属于我们这个世界的真相的知识吗？接下去，属于我们的每个具体知识，【b】不就是关于我们这个世界中的某个具体事物的知识吗？”

“必定是。”

“但是，你同意我们并不拥有型相本身，它们也不能属于我们。”

“对，你说得很对。”

“还有，种本身（它们各自所是的那个东西）肯定可以通过知识的型相本身来认识吗？”

"是的。"

"而这样东西我们并不拥有。"

"我们不拥有。"

"所以，没有一个型相能被我们认识，因为我们并不分有知识本身。"

"好像不分有。"

"那么，美本身（是美的那个东西）不能被我们认识，【c】善本身也不能被我们认识，任何我们具有它的某些特点的事物，它本身确实不能被我们认识。"

"恐怕是这样的。"

"还有比这更加可怕的事情。"

"什么事情？"

"你肯定会说，要是真的有知识本身，它会比属于我们的知识准确得多。对美或其他所有型相来说也一样。"

"是的。"

"嗯，其他无论什么事物分有了知识本身，你不会说是神，而不是其他任何人，拥有这种最准确的知识吗？"

"必定如此。"

【d】"告诉我，拥有知识本身的神能认识属于我们这个世界的事物吗？"

"为什么不能？"

"因为，苏格拉底，"巴门尼德说，"我们已经同意这些型相对我们这个世界的事物没有能力，我们这个世界上的事物和型相没有关系，但是每一个群体的事物在它们自己的关系中有它们的能力。"

"是的，我们确实同意过这些观点。"

"那么好吧，要是这种最精确的把握和最准确的知识属于神，那么众神的把握不会把握我们，它们的知识也不能认识我们或认识属于我们的任何事物。【e】不，正如我们不会用我们的统治权去统治它们，也不会用我们的知识去认识它们一样，所以出于同样的理由，作为众神，它们既不是我们的主人，也不认识人间的事务。"

"要是神的知识也被剥夺了，"他说，"我们的论证也许太古怪了。"

【135】"然而，苏格拉底啊，"巴门尼德说，"型相不可避免地会招来这些反对意见，以及其他一大堆不同的看法——要是事物有这样一些性质，有人把每一个型相作为'某事物本身'标定出来。由此带来这样的后果，无论谁听了这些看法都会感到困惑，都会反对这些没有的东西，哪怕这些东西确实有，它们对于人的本性来说必定是不可知的；还有，说这些话的时候，他似乎具有某个观点，但如我们所说，他的观点极难取胜。只有一位天资非凡的人才能认识到，【b】每个事物有它的种，凭其自身而存在；而只有一位更加惊人的天才能够发现它，并能把它教给另外一个人，这个人彻底克服了各种困难，也对自己进行批判。"

"我同意你的看法，巴门尼德，"苏格拉底说。"我确实也是这么想的。"

"然而，另一方面，苏格拉底，"巴门尼德说，"如果某个人注意到了我们刚才提到的种种困难和其他一些相似的困难，由此不允许有事物的型相，不为每一个事物标定型相，【c】那么他就无法在任何地方转变他的思想，因为他不允许每一个事物具有始终相同的性质。但这样一来，他的探讨的意义也就完全丧失了。对于这种后果，我想你不会不明白。"

"你说得对。"苏格拉底说。

"那么你会怎样研究哲学呢？不解决这些困难，你会转向哪里呢？"

"眼下我还看不到有什么出路。"

【d】"苏格拉底，"他说，"这是因为你在接受恰当的训练之前，就匆匆忙忙地试图确定某个美的、正义的、善的事物，以及每一个型相。那天，我听到你和阿里斯多特勒在这里谈话。你提出这个论证的冲动是高尚的、神圣的，这一点没错。但由于你还年轻，需要退回去接受更多的训练，尽管有人认为这样做是无用的——大众称之为闲聊。否则的话，真理将逃避你。"

"训练会采用什么方式，巴门尼德？"他问道。

"就是你听芝诺宣读的那篇文章中的方式，"他说，【e】"只有一点例外，你刚才对他说的一句话给我留下深刻印象，你不允许他把考察的范围局限于可见的事物，观察它们在对立的两端之间漫步。你要求他也要观察其他那些人可以用理智来把握的事物，可以思考型相。"

"我是这么做了，"他说，"因为我认为，在这个地方，在可见的事物中，要说明事物既相似又不相似，或者说明其他任何你喜欢说明的事物，并不难。"

"你说得很对，"他说，"但你还必须做一件事：如果你想要得到更加充分的训练，【136】你一定不能只假设'如果它是'①，然后考察从中推论出来的结果；你还必须假设'如果它不是'②，这里的它指同一个事物。"

"此话怎讲？"他问道。

"要是你乐意，"巴门尼德说，"让我们以芝诺喜欢的'如果它是多'③这个假设为例，由此进行的推论必定既涉及多本身与其自身的关系，又涉及多本身与一的关系，还涉及一与其本身的关系，以及涉及一与多的关系。【b】然后，你再假设'如果它是相似的'或者'如果它不是相似的'，你必须考察从每一个假设得出的推论，既涉及被假设的这些事物本身，也涉及其他事物，既涉及它们与自身的关系，也涉及它们相互之间的关系。同样的方法也可用于不相似、运动、静止、生成、毁灭，以及在者④本身和非在者⑤。简言之，无论你假设任何事物在或不在，或拥有其他性质，【c】你必须考察从假设的前提中可以推出来的结论，既涉及被假设的事物与其自身的关系，也涉及它与其他每一个事物的关系，无论你选择的是什么事物，也以同样的方式涉及它与它们中的几个事物

---

① 如果它是（εἰ ἔστιν）。

② 如果它不是（εἰ μὴ ἔστιν）。

③ 如果它是多（εἰ πολλά ἔστιν）。

④ 在者（ὄντος），亦译是者。在指涉具体时空中的具体事物时译为"在者"。

⑤ 非在者（οὐκ ὄντος），亦译非是者。

的关系，以及与它们全体的关系；然后，你必须考察其他事物，既要考察它们与其自身的关系，又要考察它们与你在每一场合选择的任何其他事物的关系，无论你把假设的东西设定为在者或非在者。在完成了你的训练以后，要是你想获得对真理的圆满看法，所有这些事情都是你必须要做的。"

"巴门尼德，你规定的任务很难做到！另外，我也不太懂，"他说，"你就再帮我一把，让我能比较明白。你为什么不亲自提出一些假设，为我演示一下这种训练？"

【d】"对我这把年纪的人来说，这是一件繁重的工作，苏格拉底。"他说。

"嗯，好吧。"苏格拉底说，"你怎么样，芝诺，你来为我们演示一番如何？"

安提丰说，芝诺笑着答道："还是让我们恳求巴门尼德自己来演示吧，苏格拉底。我担心，他提议的这项工作决不轻松。或者说，你不承认这是一件繁重的工作？确实，要是在场的人再多一些，那么对他提出这样的要求是不对的，尤其是他这样年纪的人，已经不适宜在大庭广众之下进行这样的讨论。【e】普通人不会明白，不经过这种全面而又繁复的处理，我们就不能碰上真理，得到启发。所以，巴门尼德，我附和苏格拉底的建议，恳请你亲自演示，这样的话，我又能在多年之后重新当一回你的学生了。"

安提丰说，芝诺讲完以后，皮索多鲁说他自己也和阿里斯多特勒以及其他人一道，恳求巴门尼德不要拒绝他们的请求，演示他推荐的训练。最后，巴门尼德说："盛情难却，看来只好由我来演示了。然而我感到自己就像伊彼库斯①诗中的那匹马。伊彼库斯把他自己比作一匹马——【137】虽然曾经是赛马冠军，但已不再年轻，凭以往经验就知道自己将面对什么，于是就站在起跑线上战栗——说他自己已经年迈，还被迫要在爱情游戏中竞争。我也一样，一想到过去就感到焦虑，这把

---

① 伊彼库斯（Ἴβυκος），公元前 6 世纪希腊抒情诗人，以其爱情诗著名。

年纪了还要开辟道路，穿越这片难以克服的语词的汪洋大海。即便如此，我还是来演示一番，因为我应当满足你们的要求；另外，如芝诺所说，因为我们是自在的。"

【b】"嗯，好吧，我们该从哪里开始呢？我们首先要提出什么假设？我知道，由于我们实际上已经决定要进行这场吃力的游戏，所以要是我从自己开始，从我自己的假设开始，你们行吗？我可以假设'一本身'并考虑必然会产生哪些结果吗？'如果它^{①} 是一'，或者'如果它不是一'？"

"完全可以。"芝诺说。

"那么谁来回答我的提问？"他问道，"当然是年纪最轻的，不是吗？因为他可能最少挑剔，也最能说出心中的想法。我在他回答的时候也能喘口气。"

【c】"我已经作好准备，为你担当这个角色，巴门尼德，"阿里斯多特勒说，"因为你说年纪最轻的指的是我。问吧——你要相信我会回答你的问题。"

"很好，"他说，"如果它是一，那么，一不是多，对吗？"^{②}

"对，一怎么能是多呢？"

"所以，一不能有部分，它也不是整体。"

"为什么？"

"所谓部分就是整体的部分。"

"对。"

"但什么是整体？所谓整体不就是没有缺失任何部分吗？"

"当然。"

"那么，如果一是整体或如果一有部分，在这两种情况下，一都会由部分组成。"

"必定如此。"

---

① 指"一本身"，亦即"一"的型相。

② 从这里开始是巴门尼德演示的第一组假设。

【d】"所以，在这两种情况下，一会是多而不是一。"

"对。"

"然而，一必定不是多而是一。"

"必定是。"

"所以，如果一是一，它就既不是整体，也没有部分。"①

"对，没有。"

"嗯，如果一没有部分，它就既没有开端和终端，也没有中间，因为这些东西实际上都是它的部分。"

"没错。"

"再说，开端和终端是每个事物的界限。"

"无疑。"

"所以，如果一既无开端又无终端，那么它是无界限的。"

"没有界限。"

【e】"所以，它也没有形状，因为它既不分有圆，又不分有直。"

"怎么会这样呢?"

"圆确实就是从它的中间到任何方向的端点长度都相等的东西。"

"是的。"

"再说，直就是它的中间位于两个端点之间的东西。"

"是这样的。"

【138】"所以，如果一分有直的或弯曲的形状，它就会有部分，就会是多。"

"当然。"

"因此，它既不是直的又不是弯的，因为它实际上没有部分。"

"对。"

"进一步说，要是这样的话，一不处于任何地方，因为它既不能在另一事物中，又不能在它自身中。"

---

① 第一组假设的前提是：如果一是一（εἰ ἓν ἔσται τὸ ἕν）。陈康先生将这个前提译为"如若一是"，并解释说，这个一不是和是结合的一，而是是一的一。

"怎么会这样呢?"

"如果它在另一事物中,它就肯定会被它所在的那个事物全部包围,就会与那个事物的许多部分在许多地方有接触;但由于它是一,没有部分,也不分有环状,所以它不可能在许多地方与周围接触。"

"它不能。"

"然而,另一方面,如果它处于自身中,那么包围它的无非就是它自己,如果它实际上处于自身中,【b】那么没有任何事物可以处于某个事物之中却又不被那个事物包围。"

"它不能。"

"就这样,包围者本身是一个事物,被包围者是另外一个事物,因为作为整体的同一事物不能同时做两件事。否则一就不再是一,而是二了。"

"然而,如果一既不处于它自身中,又不处于另一事物中,那么一不处于任何地方。"

"不处于。"

"下面考虑它是否能静止或运动,因为它就是我们所说的这个样子。"

"它为什么不能?"

"因为,如果它运动,它要么在空间运动,【c】要么发生变化,因为这些就是仅有的运动。"

"对。"

"但是一肯定不能从它自身发生变化而仍旧是一。"

"不能。"

"那么它至少不会发生变化这种运动。"

"显然不会。"

"但它会在空间中运动吗?"

"也许吧。"

"如果一在空间运动,它必定要么在同一处旋转,要么从一处移动到另一处。"

"必定如此。"

"嗯，好吧，如果它旋转，那么它的中间必定不动，而它的其他部分则围绕中间旋转。【d】但一个既无中间又无部分的事物怎么能够围绕它的中间旋转运动呢？"

"根本不能。"

"但是，通过改变位置，一个时候在这里，一个时候在另一处，它能以这种方式运动吗？"

"能，要是它实际上能运动。"

"不是已经说明它不能处于任何事物的任何地方吗？"

"是的。"

"那么，说它将要处于某个事物中不是更不可能吗？"

"我不明白为什么。"

"如果某个事物将要处于某个事物中，那么它必定还不在那个事物中——因为它还是将要处在那个事物中——如果它实际上已经处于那个事物中，它就不再完全外在于那个事物了。"

"必然如此。"

【e】"所以，如果任何事物发生这种情况，那么只有拥有部分的事物能够这样做，因为它的某些部分已经处于那个事物中，而与此同时它的某些部分还处于那个事物之外。但一个不拥有部分的事物不会有任何办法做到这一点，同一时候既整个儿地处于某个事物之中，又整个儿地处于某个事物之外。"

"对。"

"但是，如果它这样做的时候既不是一部分一部分地这样做，也不是作为一个整体这样做，那么一个既无部分又非整体的事物将要处于某个地方的某个事物之中，岂不是更加不可能吗？"

"显然。"

"因此，一不会通过去某个地方而改变它的位置，【139】也不会将要处于某个事物中，它既不会原地旋转，也不会发生改变。"

"它好像不会。"

"因此，一是不动的，无论何种运动。"

"不动。"

"然而，另一方面，我们也说它不能处于任何事物中。"

"对，我们说过。"

"那么它也从不处于同一事物中。"

"为什么？"

"因为要是它会的话，它就会在那里了——在那个它所处的同一事物中。"

"当然。"

"但它既不能在它自身中，又不能在另一事物中。"

"对，你说得对。"

"所以，一从不处于同一事物中。"

"好像不能"。

【b】"但是，从不处于同一事物中的事物既不享有安息，也不处于静止。"

"它不能。"

"因此，一好像既不静止又不运动。"

"它确实不能。"

"再说，一既不能和另一事物相同，又不能与自身相同；它也既不能与它自身相异，也不能与另一事物相异。"

"为什么会这样？"

"如果它与自身相异，那么它肯定异于一，它就会不是一。"

"对。"

"另一方面，如果它与另一事物相同，【c】那么它就是另一事物，而不再是它自身。所以，以这种方式，它也不再是它所是的一，而是异于一。"

"对，你说得对。"

"因此，它不会与另一事物相同，也不会与它自身相异。"

"它不会。"

"只要它还是一，它就不会与另一事物相异，因为说它与某个事物相异是不妥的，但说它只与另一个事物相异而不和其他任何事物相异是妥当的。"

"对。"

"因此，它不会由于是一而是相异。或者说你认为它会吗？"

"确实不会。"

"然而，如果它不会由于是一而是相异，它也不会与它自身相异；如果它不会与它自身相异，它自身也不会是相异。如果它与它自身没有任何方面相异，它就不会与任何事物相异。"

"对。"

【d】"它也不会与它自身相同。"

"为什么不会？"

"一的本性当然也不是相同的本性。"

"为什么？"

"因为它不是这样一种情况，每当一个事物要变得与某事物相同时，它就会变成一。"

"但是，为什么？"

"如果它要变得与多相同，那么它必须变成多，而不是变成一。"

"对。"

"但若一与相同没有任何不同，每当某个事物变成相同，它一定总是变成一，每当某个事物变成一，它也一定总是变成相同。"

"当然。"

【e】因此，如果一就是它本身的那个相同，它就不会是一与其本身；这样的话，一也就不是一。但这确实是不可能的。因此，一既不能和另一事物不同，又不能与其自身相同。

"它不能。"

"这样，一既不会相异于又不会相同于它自身或另一事物。"

"对，你说得很对。"

"再说，一也不会与任何事物相似或不相似，无论这个事物是它自身还是另一事物。"

"为什么?"

"因为有相同性质的事物肯定是相似的。"

"对。"

"但是这就表明相同的本性与一是分离的。"

"是的。"

【140】"但若一具有一以外的任何性质,它就会不止是一,但这是不可能的。"

"是的。"

"因此,一不能以任何方式拥有与另一事物或它自身相同的性质。"

"显然不能。"

"所以,它既不会与另一事物相似,也不会与它自身相似。"

"好像不会。"

"一也不具有相异的性质,因为在这种情况下,它就会多于一。"

"对,它会多于一。"

"如果实际上具有相同性质的东西就是相似,【b】那么那个具有与它自身或另一事物相异性质的东西就会与它自身或另一事物不相似。"

"没错。"

"但是一似乎不会以任何方式与它自身或另一个事物不同,因为它不会以任何方式拥有不同的性质。"

"你说得对。"

"因此,一既不会与另一事物或其自身相似,也不会与另一事物或其自身不相似。"

"显然不会。"

"再说,在这种情况下,一既不会与它自身或另一事物相等,也不会与它自身或另一事物不等。"

"怎么会这样呢?"

"如果它相等,那么它就会和与它相等的事物拥有同样的尺度。"

"对。"

"但是，如果它比较大或比较小，【c】那么对它度量的事物来说，它就肯定会比那些较小的事物拥有较大的尺度，而比那些较大的事物拥有较小的尺度。"

"是的。"

"对那些它不度量的事物来说，它就会在一种情况下拥有较小的尺度，在另一种情况下拥有较大的尺度。"

"无疑如此。"

"嗯，如果一个事物不分有相同，它就不能拥有相同的尺度或与其他任何事物相同的东西，它能吗?"

"它不能。"

"因此，如果它不拥有相同的尺度，它就不能与它自身或另一事物相等。"

"肯定不能。"

"然而，另一方面，如果它拥有较多或较少的尺度，【d】它会拥有如同尺度一样多的部分，这样一来，它又不再是一，而是与它拥有的尺度一样多的多了。"

"没错。"

"但若它只有一个尺度，就可表明它会与这个尺度相等，但已经表明它不会与任何事物相等。"

"对，不会。"

"然而，由于它不分有一个尺度，或多个尺度，或一些尺度，由于它根本不分有相同，所以看起来，它决不会与它自身或另一事物相等，也不会比它自身或另一事物大些或小些。"

"绝对如此。"

【e】"这一点怎么样? 你认为一能比任何事物年长、年轻或同龄吗?"

"能，为什么不能?"

"因为，如果它与自身或另一事物同龄，它肯定分有相似本身或相等的时间，而相似和相等，我们已经说过是一不拥有的。"

"是的，我们说过。"

"我们也说过，它不拥有不相似和不相等。"

"当然。"

"那么，这样的一个事物，【141】它怎么能比任何事物年长、年轻或与之同龄呢？"

"没有办法。"

"因此，一不能比它自身或另一事物年长、年轻或与之同龄。"

"显然不能。"

"所以，如果一是这样的话，它甚至根本不能处于时间中，能吗？或者说，如果某个事物处于时间中，那么它不是必定总在变得比它自身年长吗？"

"必定如此。"

"年长者总是比年轻者年长吗？"

【b】"当然。"

"然而，要是真有某个事物会变得年长，那么年长者会变得比它自身年长，与此同时，年轻者也会变得比它自身年轻。"

"你这是什么意思？"

"我的意思是：一个事物不需要变得与一个已经与之相异的事物相异；倒不如说，它必定已经与这个与之相异的事物相异，它过去变得与这个已经与之相异的事物相异，它也将变得与将要与之相异的事物相异；但它必定不会已经变得、将要变得，或变得与将要与之相异的事物相异。它必定变得相异，而非其他。"

"对，这是必然的。"

【c】"但是，年长肯定与年轻相异，而不和其他事物相异。"

"是的。"

"所以，变得比它自身年长的事物必定同时也变得比它自身年轻。"

"好像是这样的。"

"但在时间上，它也一定不会比它自身较多或较少；它必定要在现在、过去、将来，在时间上与它自身相等。"

"对，这也是必然的。"

"因此，这似乎是必然的，每个处于时间中的事物和分有时间的事物与其自身同龄，【d】同时，它也在变得比它自身年长或年轻。"

"看起来是这样的。"

"但是，一肯定与这些事情无关。"

"对，无关。"

"因此，它不分有时间，也不处于任何时间中。"

"肯定不，这个论证已经证明了。"

"嗯，你不认为，过去是、过去变为、过去变得，这些词的意思都表示分有过去的时间吗?"

"是的。"

【e】"还有，将是、将变为、将变得，这些词的意思都表示分有将来的时间吗?"

"对。"

"是、变为，这些词都表示分有现在的时间吗?"

"当然。"

"因此，如果一完全不分有时间，它就决不会过去是、过去变为、过去变得;它也不会现在是、现在变为、现在变得;它更不会将是、将变为、将变得。"

"非常正确。"

"某个事物能以这些方式之外的方式分有是者吗?"

"不能。"

"因此，一不能以任何方式分有是者。"

"好像不能。"

"因此，一不能以任何方式是什么。"

"显然不能。"

"因此，它也不能以这样一种方式是一，因为这样的话，它就会由于'是'和对是者的分有而'是'了。但是，如果我们可以相信这样的论证，那么看起来，一既不是一，又不是'是'。"

【142】"好像是这样的。"

"如果一个事物不在，能有任何事物属于这个不在的事物吗，或者说是它的东西？"

"它怎么可能呢？"

"因此，没有名称属于它，也没有关于它的解释、知识、感觉、意见。"

"显然没有。"

"因此，它没有名称，不能被谈论、不是意见或知识的对象，不能被任何在的事物所察觉。"

"似乎不能。"

"一有可能是这样的吗？"

"我肯定不这么想。"

【b】"你想要返回假设的前提，从头开始推论，希望它能产生另一种结果吗？"①

"我确实想。"

"我们是这么说的，如果一是，我们必须同意由此作出的推论，而无论结果如何，不是吗？"

"对。"

"从头开始考虑：如果一是，但不分有是者，它能是吗？"

"它不能。"

"所以也会有一的是者，它与一不是相同的东西。因为要是它与一是相同的东西，它就不会是一的是者了，【c】也不会是分有是者的一了。正好相反，说'一是'就相当于说'一是一'。② 但这一次，假设，亦即其推论是必然的那个东西，不是'如果一是一'，而是'如果一是'。不是这样吗？"

---

① 从这里开始是巴门尼德演示的第二组假设。

② 第二组假设的前提是："如果一是"（εἰ ἕν ἔστιν）。这个前提与第一组假设的前提表面相同，实际不同。它的实际含义是："如果一分有是"。

"当然。"

"这是由于'是'指的是一以外的某个东西吗?"

"必定。"

"所以,每当有人简单地说'一是',它的意思只表示一分有是者吗?"

"当然。"

"让我们再一次说,如果一是,会有什么推论。【d】考虑一下,这个假设是否表示这样的一必定没有部分。"

"怎么会这样呢?"

"是这样的:如果我们说这个'是'是一本身的,'一'是那个是一的东西的,如果'是'和一不同,但都属于我们假设的同一个东西,亦即那个一本身,那么它必定不是它本身,因为它是一个是者,是一个整体,而这个整体的部分是一和'是',对吗?"

"必定如此。"

"我们要把这两个部分的每一个只叫作部分,还是必须叫作整体的部分?"

"整体的。"

"因此,无论什么是一的东西,既是一个整体,又有部分。"

"当然。"

"嗯,一本身的这两个部分,一和'是',各自如何?【e】一决不会从'是'的部分中缺失,或者'是'决不会从一的部分中缺失吗?"

"不会。"

"所以,这两个部分的每一个再次拥有一和'是';而接下来,每个部分至少由两个部分组成;出于同样的原因,以这样的方式,无论轮到哪个部分总会拥有两个部分,因为一总是拥有'是',而'是'总是拥有一。所以,它总被证明是二,【143】它必定决不是一。"

"绝对如此。"

"所以,以这种方式,这个一不会是无限的多吗?"

"好像会。"

"来吧，让我们再以下列方式开始。"

"什么方式？"

"我们说一分有是者，因此是吗？"

"对。"

"由于这个原因，这个一被表明是多。"

"是这样的。"

"一本身怎么样，我们说它分有是者？如果我们仅凭其本身在思想上把握它，而不用我们说它分有的东西，它会显得只是一，或者这同一个东西会显得是多？"

【b】"显得是一，我会这样想。"

"让我们来看。如果实际上一不是'是'，而是作为一分有是者，那么它的'是'必定不是某个东西吗，因为它本身就是某个不同的东西？"

"必定如此。"

"所以，如果是者是某个东西，一是某个不同的东西，那么不是凭着它的'是'，一与'是'不同，也不是凭着它的'是'，它才是一以外的其他东西。正好相反，它们之所以相异乃是由于相异或其他。"

"当然。"

"所以，相异与一或'是'不同。"

"显然不同。"

【c】"嗯，要是我们对'是'与相异、'是'与一、一与相异这些东西进行选择，我们不是在每次选择中挑选了某一对可以正确地被称作'俩'的对子吗？"

"怎么会这样？"

"是这样的：我们能说'是'吗？"

"我们能。"

"我们又能说一吗？"

"我们也能。"

"所以，这些对子中的每一个不已经被提到了吗？"

"对。"

"当我说'是'和一的时候怎么样？二者不都被提到了吗？"

"当然。"

"对。"

"如果我说'是'和相异，或者相异和一，等等，【d】在各种情况下，我不都提到二者了吗？"

"是的。"

"被正确称作二者的事物能是二者，但不是二吗？"

"它们不能。"

"如果有两个事物，这一对事物中的每一成员能以任何方式不是一吗？"

"根本不能。"

"因此，由于实际上每一个组成的对子都是二，所以每个成员是一。"

"显然如此。"

"如果它们中的每一个是一，当任何一加到任何对子上去的时候，总的必定是三吗？"

"是的。"

"三是奇数，二是偶数吗？"

"无疑。"

【e】"这一点怎么样？既然有二，必定也有两倍；既然有三，必定也有三倍，因为二是一的两倍，三是一的三倍，对吗？"

"必定如此。"

"既然有二和两倍，不是必定有二乘以二吗？既然有三和三倍，不是必定有三乘以三吗？"

"无疑。"

"还有，既然有三的两倍和二的三倍，不是必定有两倍的三和三倍的二吗？"

"必定有。"

【144】"这样一来，就有偶倍的偶数、奇倍的奇数、奇倍的偶数，

甚至有偶倍的奇数。"

"是这样的。"

"那么，如果是这样的话，就没有什么数会遗漏了吗？"

"完全没有。"

"因此，'如果一是'，也必定有数。"

"必然如此。"

"但若有数，就会有多，就会有'是'的无限的多。或者说，数、无限的多，也证明了分有'是'？"

"确实。"

"所以，如果一切数分有'是'，数的每个部分也会分有'是'吗？"

"对。"

【b】"所以，'是'被分配给是多的一切事物，那么没有任何事物会缺失'是'吗，无论是最小的事物，还是最大的事物？或者说，哪怕是问这样的问题都是不合理的？'是者'怎么会缺失'是'呢？"

"决不会。"

"所以，'是'被分割成所有种类的'是'，从有可能最小的到最大的，'是'是一切事物中划分最多的，'是'的部分是无限的。"

【c】"是这样的。"

"它的部分是最多的。"

"确实是最多的。"

"嗯，它们中有哪一个是'是'的部分，然而却不是一部分吗？"

"这怎么可能呢？"

"我要说，正好相反，如果实际上它是，只要它还是，它就必定总是某一个东西，它不能是无。"

"必然如此。"

"所以，一被附加于'是'的每一部分，不会缺失，无论是最小的部分，还是最大的部分，还是其他任何部分。"

"正如此。"

【d】"所以，是一的它，作为一个整体，同时处于许多地方吗？"

"我想，噢，我看到这是不可能的。"

"然而，如果被划分了的东西实际上不是一个整体，那么它肯定不会只作为被划分了的东西同时呈现在'是'的所有部分中。"

"对。"

"再说，被划分了的东西在数量上必定像它的部分一样多。"

"必定。"

"所以，我们刚才说得不对，我们刚才说'是'被分配到不止一个部分中去。【e】它不是被分配到多于一个部分中去，而是似乎分配到与一相等的部分中去，因为一不会缺失'是'，'是'也不会缺失一。正好相反，作为二，它们在一切事物中数量相等。"

"好像是这样的。"

"因此，被'是'分割的一本身是多，是无限的多。"

"显然如此。"

"所以，不仅一'是'是多，而且一本身也由于被'是'完全分割而必定是多。"

"必定如此。"

"再说，由于部分是一个整体的部分，【145】一作为一个整体，就会受到限制。或者说，部分不被整体包含？"

"必定包含。"

"但包含者必定是一个限制。"

"无疑。"

"所以，一既是一又是多，既是整体又是部分，既是有限的，又是无限的多。"

"所以，由于它实际上是有限的，它不也有端点吗？"

"肯定有。"

"还有，要是它是一个整体，它不就会有开端、中间和终端吗？或者说，任何事物会是一个没有这三者的整体吗？如果某个事物缺失它们中的任何一个，它还能继续是一个整体吗？"

"不能。"

【b】"一好像确实有开端、终端和中间。"

"好像有。"

"但是中间只能与各端点距离相等，否则它就不是中间了。"

"对。"

"由于一是这个样子的，它好像会分有某些形状，要么是直形，要么是圆形，或两种形状的混合。"

"对，它会分有一个形状。"

"由于它是这样的，它不会既在自身中，又在另一事物中吗？"

"怎么会呢？"

"每一部分肯定处于整体中，没有任何部分外在于整体。"

【c】"是这样的。"

"所有部分都被整体所包含吗？"

"对。"

"再说，一就是它本身的所有部分，既不会多于也不会少于所有部分。"

"不会。"

"一也是整体，不是吗？"

"无疑。"

"所以，如果它的所有部分真的处于整体中，一既是所有部分又是整体本身，所有部分被整体包含，这个一就会被一包含，这样一来，一本身就会处于它自身中。"

"显然如此。"

"然而，另一方面，整体不在部分中，要么不在所有部分中，【d】要么不在某一个部分中。这是因为，如果整体处在所有部分中，它也必须在某一个部分中，因为如果它不在某一个部分中，它肯定不会在所有部分中。如果这个部分是所有部分之一，而整体又不在这个部分中，那么这个整体怎么能仍旧在所有部分中呢？"

"不能。"

"整体也不能处于某些部分中。因为若是整体处于某些部分中，那么较大的部分会处于较小的部分中，而这是不可能的。"

"对，不可能。"

"但若整体不处于某些、一个或所有部分中，它必定不处于某个相异的事物中，【e】或者根本不处于任何地方。"

"必定如此。"

"如果它不处于任何地方，它就是无；但由于它是一个整体，不处于它自身中，它必定处于另一各物中。不是这样吗？"

"肯定是。"

"所以，一，就其是一个整体而言，处于另一事物中；但就它是它的所有部分而言，它处于自身中。据此，一必定既在自身中又在一个相异的事物中。"

"必然如此。"

"由于这就是一的天然状态，它必定不会既在运动中又在静止中吗？"

"以什么方式？"

【146】"如果它真的处于自身中，它肯定在静止中。因为处于一个事物中，又没有跃出这个事物，它就在同一个事物中，亦即它自身。"

"对。"

"始终处于同一事物中，当然了，总是处于静止中。"

"当然。"

"这一点怎么样？与此相反，始终处于不同事物中的东西决不会位于同一事物中吗？由于它决不会处于同一事物中，它也决不会处于静止中吗？由于它决不处于静止中，它必定处于运动中吗？"

"是这样的。"

"因此，始终既处于自身中又处于一个不同事物中的一必定总是既运动又静止。"

"显然如此。"

【b】"再说，如果它真的具有上述属性，它必定既与其自身相同，又与其自身相异。"

"怎么会这样呢？"

"因为一切事物都是相连的，以下列方式：要么是相同的，要么是相异的；或者说，如果既不相同又不相异，它会以部分对整体或整体对部分的方式相连。"

"显然如此。"

"一本身是它自身的部分吗？"

"决不可能。"

"所以，它与它本身不能是整体与部分的关系，因为这样的话，它就是它自身的部分了。"

"它不能。"

【c】"但是，一与一相异吗？"

"确实不。"

"所以它也不会与它自身相异。"

"肯定不。"

"所以，如果它既不与其自身相异，也不与其自身有整体和部分的关系，那么它不是必定与其自身相同吗？"

"必定。"

"这一点怎么样？如果它也处于某个相异的事物中，那么处于某个与其本身相异的事物中的事物——这个本身作为本身处于相同事物中——与它本身相异吗？"

"在我看来似乎如此。"

"一实际上已经被表明是这样的，因为它同时既在自身中，又在一个不同的事物中。"

"对。"

"所以，以这种方式，一就会与它自身相异了。"

"似乎如此。"

"嗯，如果任何事物与某个事物相异，那么它不会与一个相异的事物相异吗？"

"必定。"

"所有非一的事物不与一相异，一不与非一的事物相异吗？"

"无疑是相异的。"

【d】"因此，一与其他事物相异。"

"对，相异。"

"请考虑下面这个问题：相同本身和相异本身是相互对立的吗？"

"无疑。"

"那么，相同决不愿处于相异中，相异决不愿处于相同中吗？"

"不愿。"

"所以，如果相异决不处于相同中，那么不会在任何时间有任何相异的'是'；因为相异若是可以在任何长度的时间里在任何事物中呈现，【e】那么相异就会处于相同之中了。不是这样吗？"

"正如此。"

"但由于它决不处于相同者中，相异决不处于任何在者中。"

"对。"

"所以，相异者不会处于'非一'或'一'的事物中。"

"对，你说得很对。"

"所以，不是凭着相异者，一与非一的事物相异，或者这些事物与一相异。"

"不会。"

"亦非凭着它们自身，它们相互之间相异，如果它们不分有相异者。"

【147】"显然不。"

"但若它们既不是凭自身又不是凭相异者而相异，它们不就实际上完全回避了相互之间的相异了吗？"

"它们会的。"

"但是，非一的事物并不分有一，否则的话，它们就不是非一，而是某种意义上的一了。"

"对。"

"所以非一的事物不能是一；因为在这种情况下，它们也就不会是绝对的非一了，因为它们至少有数量。"

"对，你说得很对。"

"还有，非一的事物是一的部分吗？或者说，在这种情况下，非一的事物分有一吗？"

"它们会的。"

【b】"所以，如果它以各种方式是一，而它们以各种方式是非一，那么一既不会是非一的事物的部分，又不会是以这些事物为部分的整体；接下去，非一的事物既不会是一的部分，又不会是以一为部分的整体。"

"它们不会。"

"但是实际上我们说过，既非部分，又非整体，相互之间亦不相异的事物就是相互之间相同的事物。"

"对，我们说过。"

"所以，我们要说这个一与那些非一的事物相同吗，因为它与非一的事物有这样的联系？"

"让我们就这么说吧。"

"因此，一好像既与他者不同，又与其自身不同，对于他者和它本身来说也一样。"

"根据我们的论证，看起来是这样的。"

【c】"那么，一也既与它自身和他者相似和不相似吗？"

"也许。"

"无论如何，由于它已被说明与他者相异，那么他者也肯定与它相异。"

"确实。"

"它与他者的相异，就像他者与它的相异，既不多，也不少吗？"

"对，为什么不是这样？"

"据此，就它拥有与他者不同的属性、他者也拥有与它不同的属性而言，以这种方式，一具有与他者相异的属性，他者也拥有与它相同的属性。"

"你什么意思?"

【d】"我的意思是这样的:你不把你使用的每一个名称用于某个事物吗?"

"我用。"

"你能多次或一次使用相同的名称吗?"

"我能。"

"所以,如果你一次或多次使用这个名称,你在用这个名称叫那个拥有这个名称的事物,而不是叫那个事物吗? 或者说,无论你一次或多次说出同一个名称,你必定总是在谈论相同的事物吗?"

"当然。"

【e】"嗯,相异尤其是一个用于某事物的名称,不是吗?"

"确实。"

"所以,当你说出相异这个词来的时候,无论一次还是多次,你不把它用于其他事物,或把它用于拥有这个名称的事物以外的其他某些事物吗?"

"必定。"

"每当我们说'其他事物与一相异'和'一与其他事物相异',尽管我们两次使用相异这个词,我们没有把它用于另一种性质,而总是把它用于拥有这个名称的性质。"

"当然。"

"所以,就一与其他事物相异和其他事物与一相异而言,【148】以拥有与其自身相异的属性为基础,一不会拥有与其他事物相异的性质,而会拥有与其他事物相同的性质。而拥有相同性质的东西肯定也相似,不是吗?"

"是的。"

"确实,就一拥有与其他事物相异性质而言,由于这个性质本身,它会与它们全都相似,因为它与它们完全相异。"

"似乎如此。"

"然而,另一方面,相似和不相似是对立的。"

"对。"

"相异和相同不也是对立的吗?"

"也对。"

"但是,【b】这也表明一与其他事物相同。"

"对。"

"与其他事物相同和与其他事物相异是对立的属性。"

"当然。"

"就一与其他事物相异而言,一也被表明是相似的。"

"对。"

"所以,就一是相同的而言,一会与其他事物不相似,这是由于与它相对的属性使它相似。相异能使它相似吗?"

"是的。"

"所以,相同会使它不相似,否则的话,它就不会与相异对立。"

"好像不会。"

【c】"因此,一会与其他事物相似和不相似——就其相异而言,一相似,就其相同而言,一不相似。"

"对,这一点似乎也是这个论证接受的。"

"这个论证也接受下列推论。"

"什么推论?"

"就它拥有相同这一属性而言,它拥有的不是另一种属性;如果它拥有的属性不是另一种,所以它不是不相似的;如果它不是不相似的,那么它是相似的。但就它拥有另一属性而言,它拥有另一种属性;如果它拥有的属性是另一种的,它是不相似的。"

"没错。"

"所以,由于一是与其他事物相同的事物,基于这两条理由或其中一条理由,【d】它既相似又不相似于其他事物。"

"当然。"

"所以,以相同的方式,它也与其自身既相似又不相似。因为实际上,它已被表明既与其自身相异,又与其自身相同,基于这两条理由或其中一条理由，它难道不会被表明既与其自身相似，又与其自身不相似吗？"

"必定。"

"这一点怎么样？考虑一下这个问题，一是否与它自身和其他事物接触。"

"这样做很好。"

"一肯定已被表明作为一个整体处于其自身中。"

"对。"

"一不也处于其他事物中吗？"

【e】"对。"

"那么，就它处于其他事物中而言，它会与其他事物接触；但就它处于自身中而言，它与其他事物的接触就会受阻，由于处于自身中，它会与自身接触。"

"显然如此。"

"这样的话，一既会与它自身又会与其他事物接触。"

"它会。"

"以这样的方式，再来看：任何事物与某个事物接触，它不是必定位于与该事物相邻之处，占据与该事物所处位置相连的位置吗？"

"必然如此。"

"所以对一来说也一样，如果它与它自身接触，它必定位于与它自身相邻的地方，占据与它自身所处位置相连的位置。"

"对，它必定如此。"

"嗯，如果一是二，那么它还能这样做，可以同时位于两处，但只要它还是一，【149】它就会拒绝这样做，对吗？"

"对，你说得很对。"

"所以，不让一是二，不让一接触它自身，同样是必然的。"

"是同样的。"

"但它也不会接触其他事物。"

"为什么？"

"因为，我们说，要去接触其他事物的分离的事物必定要相邻于被接触的事物，它们之间一定不能有第三者。"

"对。"

"所以，要有接触，必定要有两样东西。"

"必定有。"

"但若在这两样东西上再加上第三样，【b】它们自身就会是三，它们的接触是二。"

"对。"

"这样一来，每增加一样东西，也就增加一次接触，其结果就是接触的次数总是比事物的数量少一。每一次后续增加，事物数量的总和总是超过接触次数的总和，【c】而其超过的量与原先事物数量超过接触次数的量一样，因为每一步都增加了一样事物和一次接触。"

"没错。"

"所以，无论有多少数量的事物，它们的接触次数总是比事物的数量少一。"

"对。"

"如果只有一，而没有二，那就不会有接触。"

"显然没有。"

"我们说，一以外的事物不是一，不分有一，它们实际上是其他事物。"

"它们不是。"

"所以，如果一不在它们中，它们没有数。"

"显然没有。"

"所以其他事物既不是一，也不是二，【d】它们也不拥有其他数的名称。"

"显然不。"

"所以一只是一，不能是二。"

"显然不能。"

"所以也没有接触，因为没有两样东西。"

“没有。”

“因此，一不与其他事物接触，其他事物也不与一接触，因为实际上没有接触。”

“对，你说得很对。”

“就这样，总结一下，一既接触又不接触其他事物和它自身。”

“好像是这样的。”

“那么它与它自身和其他事物既相等又不相等吗？”

“怎么会这样呢？”

“如果一大于或小于其他事物，或者其他事物大于或小于一，【e】那么它们不会由于一是一、其他事物是一以外的其他事物，亦即由于它们自身的在者，而以任何方式相互之间大于或小于，是吗？但若它们各自在它们自身的在者之外还拥有相等，它们就会相互之间相等了。如果其他事物拥有大，而一拥有小，或者倒过来，一拥有大，其他事物拥有小，那么无论什么型相附加上大就会较大，无论什么型相附加了小就会较小吗？”

“必定如此。”

“那么，有这两个型相，大与小吗？因为，如果没有，它们就肯定不会相互对立并在存在的事物中出现了。”

【150】“怎么会没有。”

“所以，如果小出现在一中，它要么在一的整体中，要么在一的部分中。”

“必然如此。”

“如果小出现在一的整体中，那会怎么样？小在一中，它不是要么延伸到一的整个范围，要么包含一吗？”

“这很清楚。”

“那么，如果小与一的范围一样大，小就与一相等；如果小包含一，小就比一大吗？”

“无疑。”

“所以小能等于或大于某个事物，【b】做大和相等的事情，而不做它自己的事情吗?"

"它不能。"

"所以，小不能处于作为整体的一中；但若它确实处于一中，它会处于部分中。"

"对。"

"但是，它又不处于所有部分中。否则就会产生像处于整体的一之中同样的结果，它就会等于或大于它所处的任何部分。"

"必然如此。"

"因此，小决不处于任何在者中，因为它既不处于部分又不处于整体。任何事物也不能是小的，除了小本身。"

"好像不能。"

"所以，大也不会处于一中。因为要是这样的话，大本身以外的其他某个事物，就会比某个事物大，【c】亦即有大处于中的那个事物——那也一样，尽管这个事物不拥有小，如果它真是大的，那么它必须超过小。但这是不可能的，因为小不处于任何地方的任何事物中。"

"对。"

"但是，大本身不大于小本身以外的其他任何事物，小本身也不小于大本身以外的其他任何事物。"

"它们不。"

"所以，其他事物不大于一，它们也不较小，因为它们既不拥有大，也不拥有小。这两个事物本身——大和小——与一相连，【d】有超过和被超过的能力；或者倒不如说，它们相互之间有联系。而接下去，一不能比这两个事物或其他事物大些或小些，因为这它既不拥有大又不拥有小。"

"它确实好像不能。"

"所以，如果一既不大于又不小于其他事物，那么它必定既不超过它们，也不被它们超过吗?"

"必定。"

"嗯，某个既不超过又不被超过的事物，可以相当必然地肯定就是完全吻合，如果完全吻合就是相等。"

"无疑。"

【e】"再说，一本身也会与其自身有这样的关系：它本身既不拥有大也不拥有小，它既不超过它本身，也不被它本身超过，而是完全吻合的，它与它本身是相等的。"

"当然。"

"因此，一会与它自身和其他事物相等。"

"显然。"

"然而，由于它在其自身中，它也会从外面包围它自身，作为包含者，【151】它会比它自身大，但作为被包含者，它会比它自身小。这样的话，一会大于或小于它自身。"

"它会。"

"这不也是必然的吗，没有任何事物外在于一和其他事物？"

"无疑。"

"但事物必定总是处于某个地方。"

"对。"

"那么，那个处于某个较大的事物之中的事物不就是较小的吗？因为只有这样，一个事物才能处于其他事物中。"

"没有别的办法。"

"由于除了其他事物和一之外没有任何事物，而它们又必定处于某个事物中，那么它们必定相互处于对方之中——其他事物处于一中，【b】一处于其他事物中——否则的话，它们根本不存在于任何地方吗？"

"显然。"

"所以，一方面，由于一处于其他事物中，其他事物由于包含一而必定大于一，一被其他事物所包含而必定小于其他事物。另一方面，由于其他事物处于一之中，按照同样的推论，一会大于其他事物，而其他事物会小于一。"

"好像是这样。"

"因此，一既等于又大于和小于一本身和其他事物。"

"显然。"

"再说，如果它真的大于、小于或等于，那么它会拥有相等的尺度，大于或小于它本身和其他事物；【c】由于有尺度，那么也有部分。"

"无疑。"

"所以，由于它有相等、较大或较小的尺度，那么它也会在数量上少于、多于或等于它自身和其他事物，于是，它就等于它自身和其他事物。"

"怎么会这样呢？"

"它肯定会比那些它大于的事物有较大的尺度，它也会比那些它小于的事物有较小的尺度，与此相仿，对那些与之相等的事物也一样。"

"是这样的。"

"那么，由于它大于、小于和等于它自身，【d】它不会也对它自身有较多、较少或相等的尺度吗？由于有尺度，也有部分吗？"

"无疑。"

"所以，由于它有与它自身相等的部分，它会有多重与它自身相等，但由于它有较大和较小的部分，它会在数量上比它自身较多或较少。"

"显然。"

"嗯，一不也会以同样的方式与其他事物相连吗？由于它显得比它们大，它必定也在数量上比它们多；由于它显得比它们小，它必定也在数量上比它们少，由于它显得与大相等，它必定也会多重地与其他事物相等。"

"必定。"

"这样一来，【e】它似乎会在数量上等于、多于和少于它自身及其他事物。"

"它会。"

"一也分有时间吗？在分有时间的时候，它不会变得比它本身和其他事物既年轻又年长，既不年轻又不年长吗？"

"怎么会这样呢？"

"如果真的一是，'是者'肯定属于一。"

"但是，'是'的意思不就是对是者的分有再加上现在的时间吗，【152】就好像'过去是'的意思就是与是者相连再加上过去的时间，'将来是'的意思是与是者相连再加上将来的时间？"

"对。"

"所以，如果一真的分有是者，那么一分有时间。"

"当然。"

"行进中的时间怎么样？"

"噢，对。"

"所以，如果一和时间一道前进，那么一总是变得比自身年长。"

"必定如此。"

"我们还记得所谓比较年长就是变得比某个变得比较年轻的事物年长吗？"

"我们记得。"

"所以，由于一变得比它自身年长，它自身不也会变得比那个变得比较年轻的自身年长吗？"

【b】"必定如此。"

"这样的话，它确实既变得比它自身年轻，又变得比它自身年长。"

"对。"

"但它是较为年长的，不是吗？在变的时候，它处于现在的时间，在过去是和将来是之间，因为在从过去到将来的过程中，它决不会跨越现在。"

"它不会。"

"当它与现在相遇时，它不会停止变得年长吗？【c】它不会变得，而是已经年长了，不是吗？因为它若是向前，就决不会被现在抓住。一个向前的事物能够把握现在和以后——释放现在，抵达以后，在来到二者（以后和现在）之间的时候。"

"对。"

"但若没有任何事物能与现在并行，那么当一个事物处于这一点上的时候，【d】它总是停止变化，而是它可以变得的任何东西。"

"显然。"

"所以，一也一样：每当它在变得比较年长的时候，它就与现在相遇，就停止了变化，然后就是比较年长的。"

"当然。"

"所以，它也比那个它将要变得比较年长的那个事物年长——它不会变得比它自身年长吗？"

"会。"

"年长就是比较为年轻的年长吗？"

"是的。"

"所以，在一变得年长，与现在相遇的时候，它也比它自身年轻。"

"必定。"

"然而，现在总是通过它的是者呈现在一中，【e】因为一始终是现在，无论在什么时候。"

"无疑。"

"因此，一总是既是又变得比它自身年长或年轻。"

"好像是这样的。"

"它是或者它变得是比它自身更多的时间，还是相等的时间？"

"相等的时间。"

"但若它变得是或是相等的时间，那么它是同龄。"

"无疑。"

"同龄的事物既不是年长也不是年轻。"

"不是。"

"所以一，由于它变得是和是与它自身相等的时间，它既不是又不变得是比它自身年轻或年长的。"

"我认为不是。"

【153】"还有，其他事物怎么样？"

"我说不出来。"

"你肯定会说，它们是一以外的多个事物，不止一个，如果它们是不同的事物，而不是一个不同的事物。一个不同的事物就会是一，但不同的事物不止是一，而会有多。"

"对，它们会。"

"是多，它们就会分有一个大于一的数。"

"无疑。"

"嗯，我们要说，是较多的事物与数相连，还是较少的事物变得和已经变得较早的？"

"较小的事物。"

"所以，最小的事物是最先的，它就是一。【b】不是这样吗？"

"是的。"

"所以，在有数的所有事物中，一已经变得最先了。而其他事物也一样，全都有数，如果它们真的是其他事物，而不是一个其他事物。"

"对，它们有。"

"但是，那个已经是第一的事物，我要说，来得较早，而其他事物来得较晚，而那个来得较晚的事物比那个来得较早的事物年轻。这样的话，其他事物会比一年轻，一比它们年长。"

"是的，它会。"

"下面这一点如何？一能以一种方式变得与其本性相反吗？【c】或者说这是不可能的？"

"不可能。"

"然而，一被表明有部分，若有部分，则有开端、终端和中间。"

"对。"

"好吧，在所有事物的情况下——一本身和每一个其他事物——开端不是第一个，然后是其他所有事物，直至终端吗？"

"确实。"

"还有，我们要说所有这些其他事物都是某一个整体的部分，而它本身已经是一和同时作为终端的整体。"

"对，我们要说。"

【d】"终端，我要说，是最后到来的，一自然要与它同时到来。所以，如果一本身真的必定不会与本性相对，它当然要比其他事物晚到，因为它的到来与终端同时。"

"显然。"

"因此，一比其他事物年轻，其他事物比它年长。"

"这，在我看来，好像又是这样的。"

"还有，一个开端或其他任何部分，或者其他任何事物的开端或任何部分，如果它真的是一个部分而不是多个部分，那么它必定是一，因为它是一部分。"

"必然如此。"

"据此，一会同时变成将要产生的第一个部分，【e】同时又与第二个部分一起产生，后续产生的每一个部分都不会缺少一——无论把什么事物添加在什么事物上——直至抵达最后一部分，一个整体就这样形成了；在任何部分的形成中都不会缺少一，无论是最先的部分、中间的部分，还是最后的部分。"

"对。"

"因此，一与其他所有事物同龄。亦因此，除非一本身与其本性对立，一既不会比其他事物先产生，也不会比其他事物后产生，而是与其他事物同时产生。【154】这样，按照这个论证，一既不会比其他事物年长，又不会比其他事物年轻，其他事物也不会比一年长或年轻。但是按照我们前面的论证，一比其他事物既年长又年轻，而其他事物也比一既年长又年轻。"

"当然。"

"关于一是什么和一变得是什么就说这些。但是一是否变得比其他事物既年长又年轻，其他事物是否变得比一既年长又年轻？在'变得'这种情况下，一或其他事物是否只和'是者'有关，还是和相异有关？"

【b】"我说不出来。"

"我倒能说很多：如果某个事物确实比另一事物年长，那么它不会由于一定量的增大而变得比原来更加年长。接下来，较为年轻的事物也不会变得更加年轻。因为若将相等添加到不相等之上，其结果之间的差距总是与原初的差距相同，无论是时间还是其他任何大小。"

"无疑。"

"所以，年长者或年轻者决不会变得较为年轻或年长的事物更加年轻或年长，【c】如果它们年龄上的差距始终保持一致的话。与此相反，某个事物是较年长的，某个事物是较年轻的，但二者并非变得如此。"

"对。"

"所以，一也是这样，因为它是较为年长的或较为年轻的，它决不会变得比其他那些比它年长或年轻的事物较为年长或较为年轻。"

"对，你说得很对。"

"但是，考虑一下它是否以这种方式变得比较年长或年轻。"

"以什么方式？"

"以这样一种方式，一已被表明比其他事物年长，而它们比一年长。"

"那又如何？"

"当一比其他事物年长时，【d】它存在的时间肯定比它们长。"

"对。"

"回过头来再考虑，如果我们把相等的时间添加到较长或较短的时间上，那么由于添加相等的时间而差距增加还是由于一个较小的部分而差距增加？"

"较小的部分。"

"所以，一与其他事物将来在年龄上的关系就不像原初那样了。正好相反，通过得到对其他事物而言的一部分时间，它与其他事物年龄上的差① 总是比以前变小。不是这样吗？"

"是的。"

---

①   前面讲的"差距"指两个年龄之间的差距，比如六岁与二岁的年龄差距是四岁。各增加四岁以后，年龄差距仍然是四岁。而此处讲的年龄上的"差"指年龄数值的比值之差，比如六岁与二岁之比是六比二，而各增加四岁以后就变成十比六，六比二的比值大于十比六的比值。

【e】"它与其他事物年龄上的差比原先要小，那么它不会变得比原先年轻吗？"

"会。"

"如果一变得比较年轻，那么其他事物也会变得比较年长吗？"

"当然。"

"所以，较晚产生并较为年轻的事物相对于那些较早产生并较为年长的事物来说会变得较老。它最后决不会比其他事物年长，但它一直在朝着这个方向变化，因为其他事物正在朝着较为年轻的方向前进，而它则朝着较为年老的方向前进。【155】较为年长的事物转过来以同样的方式变得比较为年轻的事物年轻。二者朝着相反的方向运动，向对方转化，较为年轻的变得比较为年长的年长，较为年长的变得比较为年轻的年轻，但它们最终决不会变成年长的或年轻的。但若它们做到了这一点，那么它们就不再是变得，而是就是这样了。既然如此，它们各自变得比较年长，而又变得比其他事物年轻。一变得比其他事物年轻，因为已经表明它是较为年长的，是最早出现的；【b】而其他事物变得比一年长，因为它们较晚产生。按照同样的推理，其他事物以同样的方式变得比一年轻，因为实际上已经表明它们比一年长，出现较早。"

"对，好像是这样的。"

"那么好吧，就无物可以变得比与它相异的一个事物年长或年轻而言，由于它们之间的年龄差距始终保持相等的数量，一不会变得比其他事物年长或年轻，其他事物也不会变得比一年长或年轻。【c】但是通过添加一个部分，变得较早的事物必定与变得较迟的事物有差距，反之亦然，就此而言，它们以这种方式必定变得比相互之间年长或年轻——其他事物与一相比，一与其他事物相比。"

"当然。"

"把这些都总结一下：一本身既是又变得比它自身和其他事物年长和年轻；它既不是又不变得比它自身或其他事物年长或年轻。"

"确实如此。"

【d】"由于一分有时间，会变得较为年长或年轻，所以它必定也有过去、将来和现在——如果它真的分有时间的话？"

"必定。"

"因此，一过去是、现在是、将来也是，也会过去变得、现在变得、将来变得。"

"当然。"

"还有，某个事物能够属于它，和是它的，在过去、现在和将来。"

"确实。"

"确实会有关于它的知识、意见和感觉，如果实际上我们正在从事的所有这些活动都是关于它的。"

"你说得对。"

"也有属于它的一个名称和解释，它可以被命名和被谈论。【e】所有这些属于其他事物的事情也属于一。"

"确实如此。"

"让我们第三次提到这个命题，如果一是我们所说的这个样子——既是一又是多，既不是一又不是多，分有时间——那么它一定不是，因为它是一，有时候分有是者，还有，由于它不是，有时候不分有是者。"

"必定如此。"

"当它分有的时候，它能处于不分有的时间中吗，或者当它不分有的时候它能分有吗？"

"它不能。"

"所以，它在一个时间分有，在另一个时间不分有，因为只有以这种方式它能既分有又不分有相同的事物。"

【156】"对。"

"那么，当它得到一份是者的时候，当它是是者的一部分时，没有确定的时间吗？或者说，它怎么能够在一个时间拥有，在另一个时间不拥有相同的事物呢，如果它从不获得和放弃？"

"没有办法。"

"实际上，你不把得到一份是者称作'变成'吗？"

"我会这样叫的。"

"你不把成为是者的部分称作'停止变成'吗？"

"当然。"

"确实，当一获得和放弃是者时，它好像变成或停止变成。"

【b】"必定。"

"由于它既是一又是多，既是变成又是停止变成，那么当它变成一的时候，它不会停止变成多吗？当它变成多的时候，它不会停止变成一吗？"

"当然。"

"当它变成一和多的时候，它必定不分离和结合吗？"

"它必定分离和结合。"

"再说，当它变成相似和不相似时，它必定不被变得相似和不相似吗？"

"对。"

"还有，当它变得较大、较小或相等时，它必定不增加、减少或等量吗？"

"会这样的。"

【c】"但是，它在运动时会变得静止，它在静止时会变为运动，可见，它本身必定不处于任何时间中。"

"怎么会这样呢？"

"它不能先静止后运动，或者先运动后静止，若无变化就不会有这种事发生。"

"显然不能。"

"但是没有这样的时间，在这个时间里某个事物可以既不运动又不静止。"

"对，你说得对。"

"然而，它确实不发生变化就不会变化。"

"几乎不会变化。"

"所以，它是什么时候发生变化的呢？【d】既不是它静止的时候，又不是它运动的时候，也不是它处于时间中的时候。"

"对，你说得很对。"

"那么，这件事不是很奇怪吗，就在它变化的那一刻？"

"什么事很奇怪？"

"瞬间的变化。瞬间这个词似乎表示一事物从自身原有状况过渡到另一种状况。只要事物仍旧保持着静止，那么它就没有从静止状态向其他状态过渡，只要事物仍旧在运动，那么它也没有从运动状态向其他状态过渡，但这个奇特的事物，这个瞬间，【e】位于运动和静止之间；它根本不在任何时间中，但运动的事物却过渡到静止状态，或者静止的事物过渡到运动状态，就在这瞬间发生。"

"好像是这样的。"

"如果一真的既静止又运动，那么它能够改变为各种状态——因为只有这样它才能同时处于两种状态。但是就改变而言，它在瞬间发生改变，它在改变的时候不占有时间，而就在那一瞬间，它既不运动又不静止。"

"它不。"

【157】"其他的改变也是这样吗？当一从是改变为停止是，或者从非是者改变为变成，它不是处于某种运动和静止的状态吗？"

"它好像是这样的，不管怎么说。"

"按照同样的论证，当它从一改变为多，或者从多改变为一的时候，它既不是一又不是多，既不是分离的又不是结合的。当它从相似改变为不相似，或者从不相似改变为相似的时候，它既不相似，又不不相似，【b】它也不会被变得相似或不相似。当它从小改变为大和从小改变为相等时，反之亦然，它既不是小，又不是大，也不是相等，它也不会增大、减少或等量。"

"无疑。"

"如果一是，我们不是必须考察有哪些事情对'其他'是恰当的吗?"①

"我们必须。"

"那么，我们说，如果一是，一以外的其他事物必须拥有什么属性吗?"

"让我们就这么办。"

"那么好吧，由于其他事物实际上是一以外的事物，所以其他事物不是一。因为如果它们是一，【c】它们就不会是一以外的事物。"

"没错。"

"然而，其他事物并非被绝对地剥夺了一，而是以某种方式分有一。"

"以什么方式?"

"在一以外的其他事物中，一肯定是其他，因为它们拥有部分；因为它们若是没有部分，它们就完全是一。"

"对。"

"我们说，所谓部分就是某个整体的部分。"

"对，我们这么说。"

"然而，使部分成其为部分的整体必定是一个由多组成的事物，由于这些部分的每一个必定不是多的部分，而是整体的部分。"

"为什么是这样?"

"如果某个事物是多的部分，【d】它本身处于其中，它当然就会既是它自身的部分，这是不可能的，又是每一个其他事物的部分，若它真的是它们全体的部分。因为，若它不是一的部分，它就是其他事物的部分，一除外，这样一来它就不是每一个的部分了。如果它不是一的部分，它就不是多个事物中任何一个事物的部分。但若它不是一个事物的部分，它不能是部分，或根本不能是任何事物，不能是不以它为部分的

---

① 从这里开始是巴门尼德演示的第三组假设。它的前提与第二组相同，也是"如果一是"（如果一分有是），但不推论一会如何，而推论其他会如何。其他（τἄλλα），其他事物。

所有事物的部分。"

"确实好像是这样的。"

"所以，部分不会是多个事物或所有事物的部分，而是被我们称作整体的某一种性质或某一个事物的部分，【e】因为它组合所有事物而变成一个完整的事物。这就是部分要成为它的部分的那个东西。"

"绝对如此。"

"所以，如果其他事物拥有部分，它们也会分有某一个整体。"

"当然。"

"所以，一以外的事物必定是一个拥有部分的完全的整体。"

"必定。"

【158】"再说，同样的解释也可用于每一个部分，因为它也必定分有一。如果它们中的每一个都是一部分，'每一'当然表示它是一个事物，如果它真的是每一，它就被剥离了其他而只是它自身。"

"没错。"

"但它显然分有一，而是一以外的其他某个事物。否则它就不会分有一，而是它本身就是一。但若如此，除了一本身以外其他事物要是一，肯定是不可能的。"

"不可能。"

"但是，整体和部分必定分有一，因为整体是一个有部分的事物，而每一个作为一个整体的部分的事物也是这个整体的一个部分。"

【b】"就是这样的。"

"嗯，分有一的事物不是由于分有它而与它不同吗？"

"无疑。"

"与一不同的事物肯定是多，因为一以外的事物既不是一又不比一多，它们就会什么都不是了。"

"你说得很对。"

"由于既分有部分的一又分有一以外的整体的一的事物不止一，那么这些获得一份一的事物本身实际上是无限的多吗？"

"怎么会这样？"

"让我们以这样的方式来观察：在它们获得一份一的时候，它们获得一份，但还不是一和分有一，情况不是这样的吗？"

"显然如此。"

【c】"所以，作为多，一的性质还没有在它们中呈现吗？"

"肯定没有，它们是多。"

"嗯，如果我们愿意做减法，在思想上，那么我们至少可以从这些杂多的事物中减去多，而不是一，如果实际上它并没有分有一，对吗？"

"必定。"

"所以，当我们以这种方式考察它的本性时，按其自身来看待事物，始终与型相相异的事物，我们不会把它们始终看作无限的多吗？"

"绝对如此。"

【d】"再说，当每个部分变成一个部分时，它们相互之间或相对于整体来说就有了一个界限，整体和部分也有了界限。"

"是这样的。"

"于是，一以外的事物从一和它们的结合中获得一种联系，好像是某种与它们相异的东西，这就为它们相互之间的关系提供了一个界限，而它们自己的本性，凭借它们自身，不提供界限。"

"显然如此。"

"以这种方式，确实，一以外的其他事物，既作为整体又作为部分的部分，既是无限的又分有界限。"

【e】"嗯，它们相互之间以及与它们自身既相似又不相似吗？"

"以什么方式？"

"一方面，就它们全都不受它们自己的本性的限制而言，它们会以这种方式拥有相同的属性。"

"当然。"

"再说，就它们全都分有界限而言，以这种方式，它们也会全都拥有相同的属性。"

"无疑。"

"另一方面，就它们既是有限的又是无限的而言，它们拥有这些相互对立的属性。"

【159】"对。"

"而对立的属性有可能是最不相似的。"

"确实。"

"所以，就一种属性而言，它们会与它们自身以及相互之间相似，但就两种属性而言，它们是完全对立的，与其自身不相似，相互之间也不相似。"

"好像是这样的。"

"就这样，其他事物既与它们自身相似和不相似，又相互之间相似和不相似。"

"就是这样的。"

"确实，我们不会有进一步的困惑了，寻找一以外的事物既相同又相异，既运动又静止，全都拥有对立的属性，因为实际上已经说明它们拥有我们提到的这些属性。"

【b】"你说得对。"

"嗯，那么，假定我们现在把这些结果都当作显而易见的加以承认，然后再来考察，如果一是一，一以外的其他事物不是这样的，还是只能是这样的？"①

"当然只能是这样的。"

"让我们从头说起，如果一是一，那么一以外的其他事物必定具有哪些属性，好吗？"

"让我们就这么办。"

"一必定不与其他事物分离，其他事物必定不与一分离吗？"

"为什么？"

"因为在一和其他事物之上，肯定无法再添加其他事物，一旦提到

---

① 从这里开始是巴门尼德演示的第四组假设。它假设的前提与第一组相同"如果一是一"（εἰ ἓν ἔσται τὸ ἕν）。

一和其他事物，【c】也就提到了所有事物。”

“对，所有事物。”

“所以，没有其他与它们相异的事物，只有和一与其他事物相同的事物。”

“没有。”

“所以一和其他事物决不处于同一事物中。”

“好像不会。”

“所以它们是分离的。”

“对。”

“再说，我们说真正是一的事物不拥有部分。”

“显然不。”

“所以一不能作为一个整体处于其他事物中，它的部分也不能处于其他事物中，如果它与其他事物是分离的，没有部分。”

【d】“显然不能。”

“所以，其他事物不能以任何方式分有一，如果它们既不能通过得到它的某个部分又不能通过得到它的整体的方式来分有。”

“似乎不能。”

“那么，其他事物不能以任何方式是一，它们也不在它们自身中拥有一。”

“对，你说得很对。”

“所以，其他事物也不是多；因为如果它们是多，它们中的每一个就会是一个整体的一部分。但事实上，一以外的事物既不是一又不是多，既不是整体又不是部分，因为它们不能以任何方式分有一。”

“没错。”

“因此，其他事物自身不是二或三，它们中间也不会有二或三，【e】因为它们完全被剥夺了一。”

“就是这样的。”

“所以，其他事物本身不和一相似和不相似，相似和不相似也不处于它们中间。如果它们本身相似或不相似，或者拥有相似和不相似，一以外的事物肯定会在它们自身中拥有相互对立的两个型相。”

“显然。”

“但这对甚至不能拥有一或任何二的事物来说是不可能的。”

“不可能。”

“所以其他事物既不会相似，也不会不相似，【160】更不会相似和不相似。因为它们若是相似或不相似，它们就会分有这两个型相中的一个，如果它们既相似又不相似，它们就会拥有两个对立的型相。但这些可能的选择已被表明是不可能的。”

“对。”

“所以它们既不是相同又不是相异，既不在运动又不在静止，既不变得又不停止变得，既不是大于又不是小于和等于。它们也不拥有任何诸如此类的属性。如果其他事物接受这样的属性，它们也要接受一、二、三、【b】奇、偶，而这些东西已经表明是它们不能分有的，因为它们以各种方式完全被剥夺了一。”

“很对。”

“就这样，如果一是一，那么相对于它自身或其他事物来说，一既是所有事物，又不是任何一个事物。”

“到现在为止，一直都还不错。但是接下来，我们一定不要考察，如果一不是，必定会产生什么后果吗?”①

“我们必须考察。”

“那么，‘如果一不是’这个假设会是什么意思呢? 它与‘如果非一不是’这个假设不同吗?”

“当然不同。”

“仅仅是不同，【c】还是说‘如果非一不是’和‘如果一不是’完

---

① 从这里开始是巴门尼德演示的第五组假设。它的前提是前四组假设前提的否定形式，“如果一不是”($εἰ ἓν μὴ ἔστιν$)。陈康先生指出这个前提的意思是“如果一是异于其他的”，这是“不是”的相对的意义，否定的范围只限于某一点。

全相反？"

"完全相反。"

"要是有人说'如果没有大'、'如果没有小'，或其他诸如此类的话，那么不是很清楚，在每一事例中，他说的没有的东西是某个相异的东西吗？"

"当然。"

"所以现在也一样，当他说'如果没有一'的时候，他说的没有的东西显然是与其他事物相异的东西，他这个意思我们认不出来吗？"

"我们认得出来。"

"所以，每当他说'一'的时候，他首先谈的是某个可知的事物，其次，他谈的是某个与其他事物相异的事物，无论给它添加'有'还是'没有'；【d】因为我们仍旧认识所说的这个没有的东西，知道它与其他事物相异。不是这样吗？"

"必定如此。"

"所以我们必须从头开始，假设'如果一不是'，推论它的必然结果。首先，似乎有关于这个一的知识，这样说必定是对的；否则的话，要是某个人说'如果一不是'，我们甚至不知道它是什么意思。"

"对。"

"它必定是与其他事物相异的——或者说，其他事物与它相异吗？"

"当然。"

"因此，相异这个种贯穿于它，【e】再加上知识。因为当某个人说一与其他事物相异的时候，他说的不是相异这个种与其他事物相异，而是这个事物在种上的差异。"

"显然如此。"

"再说，这个没有的一分有'那'，是'某个事物'的，分有'这'、'对这'、'这些'，等等；因为一不能被提及，事物也不能与一相异，任何事物也不能属于它或是它的，也不能说它是任何事物，除非它拥有一份'某个事物'以及其他。"

"没错。"

　　"如果一真的不是，它不能是，但没有任何东西阻碍它分有许多事物。确实，如果它真的是一，而不是那个不是的东西，那么它甚至必定是。然而，如果一和'那'都不是，这个解释是关于其他某个事物的，我们甚至不应当发出声音来。但若一和非其他被定位于不是，它必定拥有一份'那'，也是许多其他事物的。"

　　"确实如此。"

　　"所以它也拥有不相似，与其他事物相连。因为一以外的事物，由于它们是不同的，也会在种类上不同。"

　　"对。"

　　"不同的事物在种类上不是异于其他种类吗?"

　　"无疑。"

　　【b】"其他事物在种类上不就是不相似吗?"

　　"确实是不相似。"

　　"那么好吧，如果它们真的与一不相似，不相似的事物显然会与一个不相似的事物不相似。"

　　"显然。"

　　"所以，一也会拥有不相似，就其与其他与它不相似的事物的关系而言。"

　　"好像是这样的。"

　　"但若它拥有对其他事物而言的不相似，它必定不拥有对其本身而言的相似吗?"

　　"怎么会这样?"

　　"如果一对一而言拥有不相似，这个论证肯定就不是关于某个与一相同种类的事物的，这个假设也不是关于一的，而是关于一以外的某个事物的。"

　　"当然。"

　　"但它必定不是。"

　　【c】"确实不。"

　　"因此，一必定拥有对其本身而言的相似。"

"必定。"

"再说，它也和其他事物不等，因为它若是相等的话，那么它就会既是它们，又会在相等方面与它们相似。但这些都是不可能的，如果一真的不是。"

"不可能。"

"由于它与其他事物不等，其他事物必定也与它不等吗？"

"必定。"

"是的事物与不相等的事物不相等吗？"

"相等。"

"不相等的事物与某个不相等的事物不相等吗？"

【d】"无疑。"

"所以一也分有不等，相对于和它不相等的事物而言。"

"它分有。"

"但是，大和小是不等的组成部分。"

"对，它们是。"

"所以大和小也属于这个一吗？"

"好像是的。"

"然而大和小总是相互分开的。"

"确实。"

"所以总有某些事物处于它们之间。"

"有。"

"那么除了相等，你还能提到它们之间的任何东西吗？"

"不能，只有相等。"

"因而，无论什么拥有大和小的事物也拥有相等，因为它处于它们之间。"

"显然。"

【e】"所以看起来，如果一不是，这个一拥有一份相等、大、小。"

"好像是的。"

"再说，它必定也以某种方式分有是者。"

"以什么方式?"

"它必须处于我们描述的这种状态下;因为如果不是这样,当我们说一不是的时候,我们说的就不是真话。不是这样吗?"

"确实是这样的。"

【162】"由于我们声称要讲真话,所以我们也必须宣称所谈论的事物是有的。"

"必定。"

"因而,一似乎是一个非是者;因为如果它不是一个非是者,而是以某种方式在与非是者的关系中放弃了它的是者,它就会直接就是一个是者了。"

"绝对如此。"

"所以,如果它不是,它必定是一个非是者,相对于它的不是而言,正好像以同样的方式,不是的东西必定拥有非是者,为的是让它可以完全是。这就是,是的东西怎么会全是,不是的东西会不是:【b】一方面,如果它是完全地是,那么它分有是者,就是者是一个是者、非是者是一个非是者而言;另一方面,如果它变得完全不是,那么它分有非是者,就非是者是一个非是者、是者是一个非是者而言。"

"非常正确。"

"据此,由于实际上是的东西拥有一份非是者,不是的东西拥有一份是者,所以,由于一不是,它必定拥有一份是者,就其不是是者而言。"

"必定。"

"那么一,如果它不是,好像也拥有是者。"

"显然。"

"如果它不是,它当然拥有非是者。"

"无疑。"

"处于某种状态下的某个事物能不是这样吗,不从这种状态发生改变?"

【c】"它不能。"

"所以，我们描述的这类事物中的每一个，既是这样的又不是这样的，表示改变。"

"无疑。"

"而改变就是运动——或者我们能叫它什么吗？"

"运动。"

"现在，一不是已被表明既是又不是了吗？"

"对。"

"因此，它显得既是又不是。"

"好像是这样的。"

"因此，这个是的一不也已经被表明是运动，因为它实际上已被表明从是者改变为非是者。"

"好像是这样的。"

"然而，另一方面，如果它不处于是的事物中的任何地方——就如它若真的不是，它不是——它不能从一处移动到另一处。"

【d】"显然不能。"

"所以它不能靠移动位置来运动。"

"它不能。"

"它也不能在相同的事物中旋转，因为它与相同的东西没有接触。因为相同的东西是一个是者，不是的东西不能是任何是的东西。"

"对，你说得很对。"

"确实，这个一也不能从它自身发生改变，无论在它是某个事物或者不是某个事物的时候。因为这个论证已经不再是关于一的，而是关于其他事物的，如果这个一真的能从它自身发生改变。"

"对。"

"但若它不发生改变，不在同一事物中旋转，又不改变位置，它还能是运动吗？"

【e】"显然不是。"

"然而，不运动的东西必定享有安息，安息的东西必定处于静止。"

"必定。"

"因此，这个一，看起来，由于它不是，它既处于静止又处于运动。"

"好像是这样的。"

"再说，如果它真的运动，它必定会发生改变，【163】因为某个事物无论怎么运动，都会使它不再处于原先状态，而进入另一不同的状态。"

"是这样的。"

"那么，由于它运动，这个一也被改变了。"

"对。"

"然而，由于它不以任何方式运动，它不能以任何方式被改变。"

"它不能。"

"所以，就是者的这个一运动而言，它被改变，但就它不运动而言，它没有被改变。"

"它没有。"

"因此，如果一不是，这个一既被改变又不被改变。"

"显然。"

"改变了的东西必定变得与它的原先状态不同，【b】停止是它的原先状态；不改变的东西既不变得是也不停止是吗？"

"必定。"

"因此，一，如果它不是，也会变得是或停止是，如果它不被改变。就这样，这个一，如果一不是，既变得是和停止是，又不变得是或停止是。"

"对，你说得很对。"

"让我们再次返回起点，看事情会对我们显得与现在相同还是不同。"①

———————————

① 从这里开始是巴门尼德演示的第六组假设。假设的前提与第五组相同，"如果一不是"。陈康先生指出这里的"不是"是绝对的，指没有任何限制，这个前提的意思实际上是"如若一绝对地不是"。

"确实，我们必须这样做。"

"我们不是说，如果一不是，必定会有哪些关于它的结论吗?"

"是的。"

"当我们说'不是'的时候，这些词不就是指我们说它们不是的那些其他事物缺乏是者，对吗?"

"没有其他意思。"

"当我们说某个事物不是的时候，我们是在说它以某种方式是，以某种方式不是吗? 或者说，这个'不是'指的是不对它是的方式作任何限制，不以任何方式分有是者?"

"绝对没有限制。"

"因此，不是的东西既不能是，【d】也不能以任何其他的方式分有是者。"

"它不能。"

"变得是和停止是的意思有可能是得到一份是者和失去一份是者以外的意思吗?"

"不会。"

"但是不分有是者的东西既不能获得它，又不能失去它。"

"显然不能。"

"所以这个一，由于它以任何方式是，必定不以任何方式拥有、释放、获得一份是者。"

"这是合理的。"

"所以，这个一既不停止是，又不变得是，因为它实际上不以任何方式分有是者。"

【e】"显然不。"

"所以它也不以任何方式改变。因为它若是发生这样的改变，它就会变得是和停止是了。"

"对。"

"如果它不改变，那么它必定不运动吗?"

"必定。"

"我们肯定不会说不能以任何方式是的东西处于静止中，因为处于静止中的事物必定总是处于某个相同事物中。"

"无疑处于相同事物中。"

"这样一来，让我们说不是的东西决不会处于静止或者处于运动。"

"对，你说得很对。"

【164】"但是，实际上没有任何事物属于它；因为这样的话，通过对这个事物的分有，它就会分有是者。"

"显然。"

"所以，大、小、相等都不属于它。"

"不属于。"

"再说，它既不会拥有相似，也不会拥有相异，就它与其自身关系而言，或者就它与其他事物的关系而言。"

"显然不能。"

"这一点怎么样？与它相连的其他事物，如果必要的话，能属于它吗？"

"它们不能。"

"所以其他事物与它既不相似，又不不相似，它们与它既不是相同的，又不是相异的。"

"它们不。"

"还有，'那个的''对那个''某个事物''这个''这个的''另一个的''对另一个'，【b】或者时间上的过去、今后、现在，或者知识、意见、感觉、解释、名称，或者其他用于不是的东西的任何事物，属于它吗？"

"不属于。"

"就这样，由于一不是，一根本不处于任何状态中。"

"无论如何，它似乎肯定不处于任何状态中。"

"让我们继续，说一下其他事物必定拥有什么属性，如果一不是。"①

"让我们就这么做。"

"它们必定是其他，如果它们连其他都不是的话，我们就不会谈论其他事物了。"

"就是这样的。"

"但若这个论证是关于其他事物的，那么其他的东西是不同的。或者说，【c】你不把'其他'和'不同'这些名称用于相同的事物吗?"

"我用。"

"我们肯定说不同与一个不同的东西不同，其他是另一个事物以外的东西吗?"

"是的。"

"所以，其他，如果它们是其他，也会拥有某些使它们成为其他的东西?"

"必定。"

"那么这个东西会是什么呢? 因为它们不会是一以外的其他，如果一确实不是。"

"它们不会。"

"所以，它们是相互之间的其他，因为它们还有另一种选择，否则的话，它们就会是无以外的其他了。"

"对。"

"所以，它们作为多，相互之间互为其他，因为它们不能作为多个一，如果一不是。但是，它们的每一块碎片似乎是无限的多，【d】如果你拿起它来看，它好像是最小的，但在一瞬间，就好像做梦一样，这个好像是一的东西会显现为多，而不是那个很小的东西，与那些从它劈下来的碎片相比，它是巨大的。"

---

① 从这里开始是巴门尼德演示的第七组假设。假设的前提与第五组相同，"如果一不是"。陈康先生指出这里的"不是"是相对的，这个前提的意思实际上是"如若一相对地不是"。

"很对。"

"如果它们是其他，如果一不是，那么它们就会像这样一块块地互为其他。"

"是这样的。"

"那么好吧，不会有许多这样的碎块吗，各自显现为一，但不是是者，如果一真的不是?"

"正如此。"

"如果每一块好像是一，尽管它是多,【e】那么会有一个它们的数。"

"当然。"

"在它们中间，有些好像是偶数，有些好像是奇数，但并非真的如此，如果一真的不是。"

"你说得很对。"

"再说，我们说在它们中间好像有一个最小的,【165】但这个最小的东西相对于它的多的每一个显现为多和大，因为它们是小。"

"无疑。"

"还有，每一块都可以想象为与众多的小相等。因为它不能在显现中超越中间阶段而直接从大到小，这个中间会显现为相等。"

"这是合理的。"

"现在，与另一块相连，它不会有界限，而它本身就其自身而言没有开端、终端和中间吗?"

"为什么会这样?"

"因为每当你在思想上把握它们的任何一小块,【b】把它当作一个有开端、中间和终端的东西，那么总会在这个开端之前出现另一个开端，在这个终端之后出现另一个终端，在这个中间又有更多的中间，更小的中间，因为你不能把它们中的任何一小块把握为一，因为一不是。"

"非常正确。"

"所以每一个你在思想上把握的是者，我要说，都被劈碎了，散开了，确实因为没有一，它就只能被当作一块来把握。"

"当然。"

　　"所以，对一个视力模糊的人来说，远远地看去，这样的东西好像是一，【c】但对一个视力敏锐的人来说，如果逼近观看，每个一都是无限的杂多，如果它真的被剥夺了一，如果它不是?"

　　"确实，必定如此。"

　　"这样的话，如果一不是，而一以外的其他事物是，那么其他必定每一个显现为无限的多，拥有界限，既是一又是多。"

　　"对，它们必定如此。"

　　"它们不也会显得既相似又不相似吗?"

　　"为什么会这样?"

　　"这就好像一幅风景画，对于远立的人来说，画上的所有东西都像是一个东西，都具有同样的属性，因此都是相似的。"

　　【d】"当然。"

　　"但若这个人接近这幅画，画上的东西就显得多样和不同，这种差异的显现是种类的差异，是不相似本身。"

　　"正如此。"

　　"所以这些块必定显得既相同又相异，就它们自身和相互之间而言。"

　　"当然。"

　　"据此，如果一不是，而多是，多者之间必定显得既相同又相异，与它们自身既接触又分离，既有各种方式的运动又有各种方式的静止，既变得是又停止是，【e】其他所有诸如此类的事情也很容易列举。"

　　"确实很对。"

　　"让我们再一次返回起点，说一下，如果一不是，而一以外的其他事物是，必定会是什么样的情况。"①

---

①　从这里开始是巴门尼德演示的第八组假设。假设的前提与第五组相同，"如果一不是"。陈康先生指出这里的"不是"是绝对的，这个前提的意思实际上是"如若一绝对地不是"。

"让我们就这么做。"

"嗯，其他事物不会是一。"

"显然不是。"

"它们肯定也不是多，因为一也会呈现在是多的事物中。如果它们中没有一个是一，那么它们全都是无——所以它们也不是多。"

"它们不是。"

【166】"它们也不呈现为一或多。"

"为什么？"

"因为其他事物不能以任何方式与一个不在的事物发生联系，这些不在的事物中也没有一个属于任何其他事物，因为不在的事物没有部分。"

"对。"

"所以没有一个关于不在的东西的意见或显现属于其他事物，非在者也不会以任何方式被其他事物中的任何一个事物所察觉。"

"对，你说得很对。"

"所以，如果一不是，其他事物没有一个能被察觉为一或多，因为，没有一，察觉多是不可能的。"

"对，不可能。"

"因此，如果一不是，其他事物既不是又不能被察觉为是一或多。"

"好像不能。"

"所以它们也不是相似或不相似。"

"它们不是。"

"确实，它们既不是相同又不是相异，既不接触又不分离，也不处于我们刚才进行的论证所说的它们好像是的其他状态。如果一不是，其他事物既不是又不显现为所有这些状态中的任何一种。"

"对。"

"总结一下，如果我们要说'如果一不是，无物是'，我们这样说不正确吗？"

"绝对正确。"

　　"那么，让我们就这样说，此外还有，看起来，无论一是或不是，它和其他事物既是又不是，以所有方式，既显现又不显现为一切事物，既对它们自身而言，又对它们相互之间而言。"

　　"非常正确。"

智 者 篇

提　要

　　本篇属于柏拉图后期对话，对话场景与《泰阿泰德篇》首尾相连，所以它的写作时间也迟于《泰阿泰德篇》。对话开始时，塞奥多洛对苏格拉底说自己带来一位爱利亚来的客人，后面的谈话便由这位爱利亚客人主导。公元1世纪的塞拉绪罗在编定柏拉图作品篇目时，将本篇列为第二组四联剧的第三篇，称其性质是"逻辑性的"，称其主题是"论存在"。① 谈话篇幅不长，译成中文约3万9千字。

　　本篇的基本结构可以分为三个部分，第一部分和第三部分是外围部分，第二部分是内核部分，各部分彼此呼应，形成统一的整体。②

　　第一部分（216a—236d），寻找智者的定义。爱利亚客人从技艺角度出发，采用二分法先对技艺进行划分，最终界定智者的技艺——智术。它属于控制的、猎取的、猎取动物的、猎取陆上动物的、猎取温驯动物的、猎取人的、通过说服来猎取的、私下里猎取的、赚取酬金的、声称提供教育的专门技艺。在这一部分，爱利亚客人先后提出了智者的六个定义：（1）智者是猎取富有和显贵的青年的猎人；（2）智者是经营与灵魂相关的各种学问的某种商人；（3）智者既贩卖别人制造的东西，又贩卖自己制造的东西，他是这些学问的零售商；（4）智者是各种学问

----

① 参阅第欧根尼·拉尔修：《名哲言行录》3：58。

② 参阅詹文杰：《真假之辨——柏拉图〈智者〉研究》，江苏人民出版社2011年版，第21页。

的自营者；(5) 智者是在私人争论中赚钱的人 (225e)；(6) 智者是用辩驳的方式净化人的灵魂人。

第二部分 (236d—264b)，"型相结合论"（通种论）学说。爱利亚客人在进一步说明影像的时候遇上麻烦，讨论主题转入是、非、真、假、在、同、异等极为抽象的哲学问题。爱利亚客人对以往哲学家的相关思想进行了概括，指出一派哲学家认为只有可感知的形体是真正的存在，另一派哲学家认为只有无形体的型相才是真正的存在。爱利亚客人对两派的观点都提出了批评。然后引入"型相结合论"，探讨在者、静止、运动、相同、相异这五个最基本、最重要的"型相"之间的结合。

第三部分 (264b—268d)，最终界定智者。爱利亚客人从辨识真与假的角度入手，把智术界定为属人的而非属神的、在语言中玩弄魔术的、属于影像制造术中的幻象术的、在自以为是的模仿中伪装和制造悖论的部分。智者传授的知识不是真正的知识，只是与知识相似的幻象，所以智者是制造幻象的魔法师和模仿者。

正　文

谈话人：塞奥多洛、苏格拉底、客人、泰阿泰德

塞 【216】信守昨天的约定，我们按时来了，苏格拉底。我们还带来这位来访的客人。他来自爱利亚①，是聚集在巴门尼德和芝诺周围的那群追随者之一。他确实是一位哲学家。

苏 塞奥多洛，难道你没有意识到，你带来的不是一位客人，而是一位神，就像荷马②说的那样？他说众神和可敬、正义之人待在一起，【b】一同监察凡人放肆或善良的行为，尤其是保佑来访者的神。你们的来访者可能就是一位超凡者，作为一位辩驳之神，监察和驳斥我们，因为我们的论证是贫乏的。

---

① 爱利亚（Ἐλέα），地名。

② 参阅荷马：《奥德赛》9：269，17：483—487。

塞　这不是我们这位来访者的做派，苏格拉底。他比那些热衷于争论的人要有分寸。在我看来，他决不是神，而是神圣者，【c】对所有哲学家我都这么说。

苏　说得好，我的朋友。不过我想，这种高人可能不会比神更容易辨别。当然了，真正的哲学家——与那些假冒的哲学家相比——周游列邦，为了避免世人的误解，他们以各种形象显现。哲学家们高高在上地俯视人寰，^① 有人视其一文不值，有人视其价值连城。【d】他们有时幻化为政治家，有时幻化为智者。还有一些时候，他们给人留下这样的印象，他们就是十足的疯子。但若我们的客人感到可以的话，【217】我乐意请他来告诉我们，他来的那个地方的人是怎么使用下面这些名称的，他们对这些事情是怎么想的？

塞　哪些名称？

苏　智者、政治家、哲学家。

塞　什么东西或者哪种事情，使你想到要问这个问题？你心里有什么困惑？

苏　是这样的，他们认为这些人是一类还是两类？或者说他们把这些人分为三类，分别冠以相应的名称？

塞　我认为请他来告诉我们这些事情不会冒犯他。或者说，会吗，我的客人？

客　【b】不会，塞奥多洛，我不会感到冒犯。我一点儿也不嫌恶。这个问题的答案也容易：他们认为有三类人。但是，要清楚地区分它们中的每一个到底是什么，那可不是一件轻而易举的小事。

塞　真是太巧了，苏格拉底，你提出来的这些话题与我们来之前问他的事情很像。正如他现在对你一样，他当时也找了相同的理由加以推托。尽管他说，他曾经充分聆听，而且尚未忘记。

苏　【c】既然如此，客人，那就别拒绝我们的初次请求，跟我们多

---

①　参阅荷马：《奥德赛》17：483—487。"众神装扮成各种样子的来访者，就像这种情况下的奥德修斯，观察正义者和不正义者的行迹。"

谈谈吧。告诉我们，你通常喜欢用长篇大论独自解释的方法，还是喜欢用提问的方法？巴门尼德就曾经用过提问的方法，那个时候他已经老迈，而我还很年轻。① 通过提问，他引导了一场很好的讨论。

　　客　【d】你说的第二种方式要容易些，苏格拉底，如果跟你交谈的人容易把握，不找麻烦。否则的话，还不如自己一个人讲。

　　苏　你可以挑选在场的任何人跟你对谈，因为他们全都会有礼貌地回答你。但若你接受我的建议，你就从年轻人中挑选一位——在这里的泰阿泰德，或者你喜欢的他们中的某一位。

　　客　这是我第一次与你在此相会，苏格拉底，【e】要是我不按简单的一问一答的方式来进行交流，而是独自，哪怕对着其他人，发表冗长的演说，好像在炫耀自己，那么我会感到惭愧。现在这个论题确实不像人们以为的那么容易，它只是听起来容易，而实际上是很长的论证。但是，如果拒绝你和诸位的请求，【218】尤其是你们已经说了这样的话，会使我显得有些不懂礼貌。所以，根据你的敦促，我竭诚欢迎泰阿泰德跟我对谈，因为我本人以前也跟他交谈过。

　　泰　就照你说的办吧，客人呀，你会给我们大家带来帮助，如苏格拉底所说。

　　客　噢，关于这一点无须再多说什么了，泰阿泰德。从现在开始，这个论证似乎要冲着你来了。倘若你对它的冗长感到恼火和烦躁，那么你应当责怪你的朋友，而不是责怪我。

　　泰　【b】至少我现在还没有想要推辞，如果有这种事情发生，我们就请在这里的另外一位苏格拉底来接替我。他和苏格拉底同名，与我年龄相仿，也曾与我共同训练，与我一道完成过许多任务。

　　客　很好！在谈话进行的时候，你可以有自己的思考。但你需要和我一道来开始这项考察，从智者开始，【c】通过定义来寻找它，并清楚地解释它是什么。现在，你和我共同拥有的只是这个名称，我们各自在使用它的时候也许表示不同的事物。然而在任何情况下我们都应该通过

────────

① 指《巴门尼德篇》中的那场谈话。

界定①来对这个事物本身达成共识，而不是仅就缺乏论证的名称达成共识。我们现在打算去考察的这个族群，亦即智者，它究竟是什么，这可不是一件世上最容易的事。要是说，重大的事情要努力去做，那么如大家早就这么认为的，【d】你需要先练习做一些不太要紧的、比较容易的事情。所以，泰阿泰德，我给我们的建议是：鉴于智者这个族群很难对付，不容易猎取，我们应当练习一下我们狩猎的方法，先捕捉一些比较容易捕捉的猎物，除非你能告诉我们还有别的更有前景的方法。

泰　我不能。

客　那么你想要我们关注某些小事，然后试着以此为榜样，处理比较重要的事情吗？

泰　【e】是的。

客　我们能建议什么呢，这些东西本身不太重要，又容易理解，但对它能够作出的解释却和重要的事情一样多？就拿钓鱼者来说，每个人都认识他，但又不值得过分重视，对吗？

泰　对。

客　【219】我期待，这样的考察能够提供符合我们要求的方法和定义。

泰　这样的话，当然很好。

客　那么好吧，让我们以这样一种方式开始。告诉我，我们要把他当作有技艺的人，还是无技艺、但有其他能力的人？

泰　他不可能是无技艺的人。

客　全部技艺大体上有两个类型。

泰　怎么讲？

客　有务农，或者任何一种打理，照料任何可朽生灵的身体；也有打理合成物和制造物，我们叫它装备；还有模仿术②。【b】所有这些技艺都可以用一个名称来称呼。

_____

① 界定（λόγος），定义、解释。

② 模仿术（μιμητική）。

泰　怎么讲？用什么名称？

客　只要有人使某个原先的非存在①成为实在②，那么我们就说这个人是制造者，成为实在的东西是被造物。

泰　对。

客　我们刚才提到的全部技艺都拥有这样的能力。

泰　的确有。

客　让我们把它们置于制造术③的名下。

泰　【c】行。

客　下面考虑与学习、认知、商贸、争斗、狩猎有关的整个类型。这些技艺没有一样制造任何东西。它们获取现存者和已生成者，用言语和行动来占有这些事物，不占有其他事物。由于这个原因，把这种类型的每个部分都称作占有术④是恰当的。

泰　对，这样做是恰当的。

客　【d】如果每一项技艺都可归为占有术或制造术，泰阿泰德，那么我们要把钓术⑤归入哪一类呢？

泰　显然，归为占有术。

客　占有术不是又有两个类型吗？其中一个通过礼品、酬金、货物来自愿交换；其余那些技艺，无论是通过行动还是通过言语实行控制，不都是控制术⑥吗？

泰　从上所述，好像是这样的。

客　再说，占有术不可以对半划分吗？

泰　怎么分？

---

① 非存在（μὴ ὄν）。

② 实在（οὐσία）。

③ 制造术（ποιητική）。

④ 占有术（κτητική）。

⑤ 钓术（ἀσπαλιευτική）。

⑥ 控制术（χειρωτική）。

客 【e】把整个公开完成的控制术称作争斗术①，再把所有隐蔽完成的控制术称作猎取术②。

泰 对。

客 不能把猎取术分成两部分是没有道理的。

泰 你说吧，用什么方式分？

客 用划分无灵魂的东西和有灵魂的东西的方法。

泰 可以这样分，要是有这两类东西。

客 【220】怎么能没有呢？不过，我们应当略去猎取无灵魂的东西，它是没有名称的，除了潜水术③之类琐碎的技艺；然而，猎取有灵魂的动物，可以称之为动物猎取术④。

泰 行。

客 说动物猎取术有两种不对吗？一种与陆上行走的动物有关，也就是陆上猎取术，可以分成许多种，有许多名称。另一种涉及所有会游泳的动物，也就是水中猎取术，对吗？

泰 没错。

客 【b】我们看到，会游泳的动物，一类是有翅膀的，一类生活在水中。

泰 当然。

客 我们把猎取有翅膀的动物全都说成捕禽术⑤。

泰 对。

客 猎取生活在水中的动物可以总称为捕鱼术⑥。

泰 对。

客 再说，这种捕捉不是又可以划分为两个主要部分吗？

---

① 争斗术（ἀγωνιστική）。

② 猎取术（θηρευτική）。

③ 指潜水捞取海绵一类无生命的东西。

④ 动物猎取术（ζῳοθηρική）。

⑤ 捕禽术（ὀρνιθευτική）。

⑥ 捕鱼术（ἁλευτική）。

泰　按照什么来分？

客　按照这个来分：一部分用罗网来捕捉，另一部分靠打击。

泰　你什么意思？你是怎么分的？

客　【c】无论用什么东西围住某个东西，防止它逃走，这个东西几乎都可以称作罗网。

泰　的确可以。

客　笼、网、篮、篓，以及诸如此类的东西，我们必须称它们为罗网，此外还能是什么吗？

泰　不能。

客　所以，我们把这部分捕捉称作网罗猎取术，或类似这样的名称。

泰　对。

客　然而，用钩子或三叉戟来打击的那部分捕捉与此不同，【d】我们需要一个说法，把它称作打击术①。或者有谁能说出更好的名称来，泰阿泰德？

泰　让我们别太在意名称，这个名称够好了。

客　打击术当中有的在夜晚就着火光进行，我想，捕捉者自己称之为火渔。

泰　的确如此。

客　有的在白天进行，因为甚至连三叉戟也有倒钩，所以可以全部称作钩渔术。

泰　【e】对，是这样叫的。

客　然后，属于打击术的钩渔术，有一种从上往下打击，由于它最常使用三叉戟，所以我认为可以称作叉渔术。

泰　至少有些人是这么说的。

客　那么，剩下要说的只有一个类型了。

泰　什么类型。

客　它和打击方式相反，是用钩子来完成的，并不触及鱼的身躯的

---

① 打击术（πληκτική）。

某个地方，【221】就像用三叉戟那样，而是每次只触及猎物的头和嘴，然后就用杆子或芦苇秆朝相反的方向从下往上拽起来。我们说它必须叫什么名称，泰阿泰德？

泰　噢，我想我们刚才预定要发现的东西已经找到了。

客　所以，有关钓术，你我不仅就其名称达成了共识，【b】而且充分领会了这件事情本身的界定。全部技艺的一半是占有术；占有术的一半是控制术；控制术的一半是猎取术；猎取术的一半是动物猎取术；动物猎取术的一半是水中猎取术；水中猎取术的下面一半是捕鱼术；捕鱼术的一半是打击捕鱼术；打击捕鱼术的一半是钩渔术。它的一半是从下往上的拉拽式打击，【c】其名称源于这个动作，也就是我们当前正在探寻的钓术。

泰　不管怎么说，它的确得到了充分的解释。

客　那么好吧，让我们按照这个模式去努力发现智者，看他究竟是什么。

泰　好的。

客　刚才探讨的第一个问题是，我们要把钓鱼者当作无技艺的庸人①还是有技艺的人？

泰　是的。

客　【d】嗯，现在，泰阿泰德，对于这一位智者，我们应当假定他是无技艺的庸人，还是真正的大师②？

泰　他决不是庸人。我明白你这样说是什么意思，他必须是大师这个名称所表示的这种人。

客　所以，我们似乎需要设定他是有某种技艺的人。

泰　什么技艺？

客　众神在上，我们竟然不知道这个人和那个人是同类人？

泰　谁和谁？

---

①　庸人（ἰδιώτης），愚人，蠢人。

②　大师（σοφιστής），聪明人，有专门技能的人。

客　钓者和智者。

泰　以什么方式是同类？

客　他们俩都清楚地向我显现为猎人。

泰　【e】这一位属于哪一种猎人？那一位我们已经讲过了。

客　我们刚才已经把所有猎物分成两半，分为会游泳的和在陆上行走的。

泰　对。

客　我们已经详细说明了前者，亦即会游泳的这部分，但是我们当时放弃了对陆上行走者的划分，只说它是多样的。

泰　【222】的确如此。

客　从占有术开始到这里为止，智者和钓者走的是同一条道吗？

泰　好像是的。

客　在动物猎取术这一点上，他们分道扬镳，其中一个去了江河湖海，猎取那里的动物。

泰　没错。

客　另一个去了陆地或者不同类型的河流，比如盛产富家公子的草地，控制那里的猎物。

泰　【b】你指什么？

客　陆上行走的猎物主要有两种。

泰　哪两种？

客　一种是温驯的，一种是凶野的。

泰　有捕猎温驯的动物这种事吗？

客　有，如果人是温驯的动物。不过，你可以按照你的喜好来定，要么说没有温驯的动物，要么说有驯服的动物，但人是凶野的动物。或者你也可以说人是温驯的动物，但没有对于人的捕猎。无论你喜欢哪一种设定，把你的想法告诉我们。

泰　【c】客人，我想我们是温驯的动物，而且我断定有对人的捕猎。

客　那么，猎取温驯动物的技艺也有两部分。

泰　根据什么？

客 我们把海盗术①、奴役术②、僭主术③和全部战争术④放在一起，界定为暴力性的猎取。

泰 好的。

客 把法庭论辩术⑤、公众鼓动术⑥、对谈术⑦都放在一起，当作一种技艺，称之为说服术⑧。

泰 【d】行。

客 让我们说，说服术有两种。

泰 哪两种？

客 一种是私下进行的，一种是公开进行的。

泰 的确有这两种不同的类型。

客 在私下进行的猎取术中，一部分是酬金赚取术⑨，另一部分是礼物赠与术⑩，不是吗？

泰 我不明白。

客 你好像从未注意过猎取情人的方式。

泰 你指的是什么？

客 【e】他们向情人送礼。

泰 不错。

客 那么，让我们把这种技艺叫作求爱术⑪。

---

① 海盗术（ληστική）。

② 奴役术（ἀνδραποδιστική）。

③ 僭主术（τυραννική）。

④ 战争术（πολεμική）。

⑤ 法庭论辩术（δικανική）。

⑥ 公众鼓动术（δημηγορική）。

⑦ 对谈术（προσομιλητική）。

⑧ 说服术（πιθανουργική）。

⑨ 酬金赚取术（μιθαρνητική）。

⑩ 礼物赠与术（δωροφορική）。

⑪ 求爱术（ἐρωτική）。

泰　行。

客　在酬金赚取术中，有一种在交谈中取悦于人，以快乐为诱饵，为他自己的生计赚取酬金，【223】我想我们大家都会叫它奉承术①，或者娱悦术②。

泰　当然。

客　另一种声称为了美德的缘故才与人进行交际，却又索取金钱作为报酬，这种技艺岂不应当用别的名称来称呼吗？

泰　当然。

客　用什么名称？你试着说说看。

泰　这很明显。我想我们已经发现了智者。我认为这个专门的名称就可以称呼他。

客　【b】按照我们现在的解释，泰阿泰德，它属于控制的、猎取的、猎取动物的、猎取陆上动物的、猎取温驯动物的、猎取人的、通过说服来猎取的、私下里猎取的、赚取酬金的、声称提供教育的专门技艺。它猎取富有和显贵的青年。按照我们的解释，它应当被称作智术③。

泰　没错。

客　【c】让我们继续以下面的方式来观察，因为我们寻找的这种人不是只分有浅陋的技艺，而是分有相当复杂的技艺。而且，在我们刚才的论述中出现了一个幻象④，智术并不是我们现在所断定的这种技艺，而是另外一种技艺。

泰　怎么会呢？

客　占有术的确有两种类型，其中一种是猎取术，另一种是交换术⑤。

---

①　奉承术（κολακική）。

②　娱悦术（ήδυντική）。

③　智术（σοφιστική）。

④　幻象（φαντασμα）。

⑤　交换术（ἀλλακτική）。

泰　对。

客　让我们来说交换术的两种类型，其中一种是赠礼术①，另一种是市场经营术②。

泰　可以这么说。

客　我们进一步说，市场经营术也可以划分为两个部分。

泰　【d】怎么分？

客　一部分是自产者的自营术③，另一部分是交易他人产品的交易术④。

泰　的确如此。

客　再说，交易术中大概有一半是对本城邦的，被称作零售术⑤，不对吗？

泰　对。

客　通过买卖的方式，从一个城邦到另一个城邦，这种交易术就是商贸术⑥。

泰　是这样的。

客　【e】我们是否察觉到在商贸术中间，通过货物交换金钱的方式，其中一部分贩卖供养身体和为身体所用的东西，另一部分贩卖供养灵魂和为灵魂所用的东西。

泰　你这是什么意思？

客　也许我们不明白灵魂这部分的，但另一部分你肯定懂。

泰　对。

客　【224】让我们说，各种艺术⑦从一个城邦购买到另一个城邦，

① 赠礼术（δωρητική）。

② 市场经营术（ἀγοραστική）。

③ 自营术（αὐτοπωλική）。

④ 交易术（μεταβλητική）。

⑤ 零售术（καπηλική）。

⑥ 商贸术（ἐμπορική）。

⑦ 艺术（μουσική），该词狭义指音乐。

从一个地方被运到另一个地方出售，比如绘画、魔术以及其他许多与灵魂有关的东西。它们有些用于娱乐消遣，有些用于严肃的目的，由此而被运送和出售。把这些运送者和出售者称作商人是对的，就像贩卖食物和饮料的人。

泰　一点儿没错。

客　【b】如果有人收购学问，并从一个城邦到另一个城邦交易这些学问以赚取金钱，你不会用同样的名称来称呼他吗？

泰　我会的。

客　这种灵魂商贸术的一部分不是可以十分恰当地说成是表演术吗？而另一部分比前一部分更加可笑，我们要用一个与其行为相应的名称来称呼这种贩卖学问的人吗？

泰　当然要。

客　【c】那么，在这种学问贩卖术中间，一部分是关于其他各门艺术的学问，另一部分是关于美德的学问，它应当用另一个名称来称呼。

泰　当然。

客　艺术贩卖术很适合前一部分，由你来试着说出后一部分的名称。

泰　除了我们现在正在寻找的智术，谁还能说出更加合适的名称？

客　没有别的名称了。那么好吧，让我们来总结一下。我们这么说，这个属于占有术、交易术、市场经营术和商贸术的灵魂商贸术，【d】贩卖有关美德的言论和学问，它第二次显现为智术。

泰　的确。

客　如果有人定居在某个城邦里，购买或者自己创作这方面的学问，并且加以出售，以此维持生计，我觉得你不会用别的名称，而会用刚才这个名称第三次称呼它。

泰　对，我会的。

客　【e】所以，属于占有术、交易术、市场经营术的零售术和自营术，二者只要涉及贩卖学问，那么很显然，你永远会把它称为智术。

泰　这是必然的，我们必须遵循论证的引导。

客　让我们继续考虑，我们正在追踪的这种类型是否还有下面的情形。

泰　什么情形？

客　【225】我们说过，争斗术是占有术的一个部分。

泰　我们的确说过。

客　把它再分成两个部分不为过。

泰　你说吧，怎么分？

客　我们把其中一部分确定为竞争术①，另一部分确定为战斗术②。

泰　对。

客　战斗术中有一部分表现为身体与身体的对抗，用暴力来称呼它是恰当的。

泰　是的。

客　【b】另一部分表现为话语和话语的对抗，除了称之为论战，人们还把它称作什么呢？

泰　没有了。

客　但是，论战也必定有两种类型。

泰　哪两种？

客　其中一种，论战发生在公开场合，涉及公正和不公正，而且是长篇大论与长篇大论的对抗，这就是法庭辩论。

泰　对。

客　另一种正好相反，在私下场合进行，一问一答，除了我们通常叫它辩论术③，其他没有别的名称吧？

泰　没有。

客　在争论术中有一种涉及生意和契约，【c】这种争论是随意的，没有专业性。它应当被当作一种类型，因为这个论证已经把它视为另一

---

①　竞争术（ἁμιλλητική）。

②　战斗术（μαχητική）。

③　辩论术（ἀντιλογική）。

种类型。不过前人没有给它一个专门的名称，现在也不值得从我们这里得到一个名称。

　　泰　没错。因为它已经被划分为许多很小的部分。

　　客　但是另一个类型是专业的，其论战涉及公正和不公正的问题，我们习惯上不是称之为争论术①吗？

　　泰　当然。

　　客　【d】有一种争论术是花钱的，另一种则是赚钱的。

　　泰　完全正确。

　　客　让我们试着说出它们各自的名称。

　　泰　我们不得不这么办。

　　客　我觉得，由于这种争论带来的快乐会使人疏忽自己的本业，而且这种谈话方式使许多听众不高兴，据我所知，它就叫作饶舌术②，没别的说法。

　　泰　人们大致上这么说。

　　客　【e】那么，与之相反的、从私下场合的争论中挣钱的那个类型叫什么名称，现在轮到你把它说出来。

　　泰　除了我们正在追踪的那个神奇的人，智者，他第四次出现，还有谁能说出别的答案而不犯错误吗？

　　客　【226】没有了。显然，这个论证已经提示：智者属于占有术、竞争术、战斗术、论战术、辩论术、争论术中的赚钱的类型。

　　泰　的确。

　　客　所以你看到了，这头猎物有多么复杂，如人们所说，只手难擒，这样说是对的。

　　泰　确实要用两只手。

　　客　【b】我们必须这么做，而且应当竭尽全力，沿着下面这样的足迹来追踪。告诉我，我们不是用一些家务事的名称来称呼某些事情吗？

---

　①　争论术（ἐριστική）。

　②　饶舌术（ἀδολεσχική）。

泰　对，有很多。但你问的是哪些？

客　我问的是筛、滤、簸、掰。

泰　这又如何？

客　与此相对的还有梳、纺、织，以及成千上万这样的专门技能，不是吗？

泰　【c】用这些事例，你想要说明什么？

客　我提到的所有这些技艺都是划分性的。

泰　对。

客　那么，按照我的论证，有一种技艺与所有这些技艺有关，值得我们给它一个名称。

泰　我们要称它什么？

客　划分术①。

泰　行。

客　考虑一下，我们能否用某种方式洞察它的两种类型。

泰　你指派我做的事情对我来说太仓促了。

客　【d】在我们刚才所说的划分中，有一种是把低劣的东西与优秀的东西分开，另一种是把相似的东西与相似的东西分开。

泰　这很明显，经你这么一说。

客　对于后一种区分，我们没有名称，但是关于存优去劣的划分，我倒有个名称。

泰　什么名称？告诉我。

客　根据我的理解，所有这一类划分，人人都会称之为某种净化。

泰　就是这么说的。

客　【e】每个人都能看见净化术②有两个类型，不是吗？

泰　对，也许吧，要是他们有时间，但我现在还没看到。

客　与身体有关的许多种净化可以总括起来，并用一个名称来

---

① 划分术（διακριτική）。

② 净化术（καθαρτική）。

称呼。

　　泰　它们是什么？用什么名称？

　　客　涉及有生命者身体内部的净化可以恰当地划分为健身术①和医疗术②，【227】涉及身体外部的净化则比较平庸，比如沐浴术③。涉及无生命的物体的净化，有漂洗术④和各种装饰术⑤，要是作细微的划分，这些技艺似乎有许多可笑的名称。

　　泰　的确如此。

　　客　一点儿没错，泰阿泰德。但是，无论是海绵擦洗术⑥还是药物服用，无论它带来的净化对我们的帮助是大还是小，这种论证的方法对它的关注不会少也不会多。这种方法旨在获得纯粹的理智，【b】进而去尝试理解各种技艺是不是属于同一类，因此，它把它们全都视为等值的，在进行比较时不会认为有些技艺比另外一些技艺可笑。统兵术作为猎取术而言，不会比捉虱术更庄严，更应受到夸耀。你刚才问我们该用一个什么样的名称可以统称所有这些净化有生命的身体或无生命的身体。【c】就此而言，什么名称显得最恰当对于我们的论证进程关系不大，只要它能把所有针对其他东西的净化与针对灵魂的净化区分开来就行。因为我们当前尝试要做的事情就是尽力把针对思想的净化和针对其他东西的净化区分开来。

　　泰　我明白了。我同意有两种净化，一种针对灵魂，另一种针对身体。

　　客　很好。现在你要注意下一步，【d】把我刚才说的东西分为两半。

　　泰　我会试着跟上你的引导，按你说的去划分。

　　客　我们说灵魂中的卑劣与美德相异吗？

---

① 健身术（γυμναστική），亦译体育。
② 医疗术（ἰατρική）。
③ 沐浴术（βαλανευτική）。
④ 漂洗术（γναφευτική）。
⑤ 装饰术（κοσμητική）。
⑥ 海绵擦洗术（σπογγιστική）。

泰　当然。

客　所谓净化就是保存其中一个，抛弃无论如何都是坏的东西吗？

泰　没错。

客　那么，就灵魂而言，当我们发现某些对恶的消除，我们将它称之为净化不是很合适吗？

泰　的确合适。

客　必须说涉及灵魂的恶有两种。

泰　它们是什么？

客　【228】其中一种好像身体上出现的疾病，另一种好像身体上出现的丑陋。

泰　我不明白。

客　你可能不把疾病与不协调认作一回事。

泰　对此我也不知道该怎么说。

客　你难道认为，不协调不是由于腐败而导致的本性相同的事物之间的纷争，而是别的什么意思吗？

泰　不会是别的意思。

客　丑陋无非就是比例失调，处处显得畸形吗？

泰　【b】没错。

客　再说，我们难道看不到，在卑贱者的灵魂中，信念与欲望、愤怒与快乐、理智与痛苦，所有这些东西都彼此纷争吗？

泰　显然。

客　然而，它们必定全部都是同类吗？

泰　当然。

客　那么，要是我们把卑劣说成灵魂的不协调与疾病，这样说对吗？

泰　非常正确。

客　【c】那么好，假定某个分有运动的东西①朝着一个既定目标前

---

① 指灵魂。

进，试图命中目标，但总是错过或偏离。我们要说，它之所以如此，是由于相互之间比例相合还是不合？

泰　显然不合。

客　但我们知道没有灵魂会自愿误解任何事物吗？

泰　显然。

客　【d】当灵魂趋于真相，而意识出现偏离，这就是误解[1]，它无非就是一种偏离。

泰　的确如此。

客　所以，缺乏理智的灵魂必定是丑陋的，不合比例的。

泰　似乎如此。

客　如此看来，灵魂中有两种恶。其中一种被众人称作卑劣，它显然是疾病。

泰　是的。

客　他们把另一种称作无知，如果它只出现在灵魂中，他们就不愿意承认它是一种恶。

泰　【e】我必须承认，灵魂之中存在两种恶，尽管你刚才在说的时候我有点儿怀疑。一方面，胆怯、放纵、不公正等等都应当被视为我们之中的疾病；另一方面，各种各样的无知状况都应当被认为是丑陋。

客　针对身体的这两种情形出现了两种技艺吗？

泰　哪两种技艺？

客　【229】处理丑陋的健身术和处理疾病的医疗术。

泰　显然。

客　针对蛮横、不公正和胆怯，惩罚术是所有技艺中最恰当的吗？

泰　很可能，这样说符合众人的意见。

客　再说，针对各种无知的技艺不是教导术[2]，而是某些别的技艺，这个说法会更恰当吗？

---

① 误解（ἄγνοια），亦译无知，绝对的误解是无知。

② 教导术（διδασκαλική）。

泰　是的。

客　【b】来吧，我们应当说教导术只有一种还是多种，或者说有两种最主要的，请你考虑。

泰　我正在想。

客　在我看来，我们用这种方式能够最快地发现它。

泰　什么方式？

客　让我们来看能否用某种方式把无知从中间进行划分。因为假定无知有两种，那么教导术必定也有两个部分，各自对应一部分无知。

泰　那么，你看清我们要找的东西了吗？

客　【c】我想我的确看到了无知的一种庞大的类型，非常严重，它有别于其他一切类型的无知，而且抵得上它们全部。

泰　它是什么？

客　把不知道臆想为已经知道。恐怕正是由于它，思想上所犯的一切错误才出现在我们每个人当中。

泰　对。

客　我认为，唯有这种无知才被称作愚妄。

泰　的确。

客　那么，教导术中消除愚妄的这个部分应该称作什么？

泰　【d】客人，我认为我们称之为教化，而与之相对的是传授技艺的教育。

客　几乎所有希腊人都这么叫，泰阿泰德。不过我们要继续考察教化，看它是不可划分的整体，还是值得命名的某种划分方式。

泰　我们要考察。

客　我认为可以按照某种方式对它进行划分。

泰　按照什么？

客　【e】在使用语言的教导术中，有一种途径显得比较粗暴，另一部分则比较温和。

泰　我们应该把它们称作什么？

客　其中一部分是传统的父教，通常运用于自己的儿子，现在许多人仍旧在运用。【230】当儿子犯了某些错误的时候，父亲有时对他们进行责备，有时则温和地对他们进行训诫，所有这些都可以正确地称作训诫术①。

泰　是这样的。

客　然而，有些人似乎在给自己找理由，认为所有愚妄都是不自愿的。那些自认为有智慧的人从来不愿意学习他自认为很精通的事情，因而教化当中的训诫术碰到许多麻烦，收效甚微。

泰　你说得对。

客　【b】于是他们启用别的方式来消除臆见。

泰　用什么方式？

客　当有人自认为说到某些事情，但却没有任何意味的时候，他们就盘问这个人。然后，由于这个人的臆见是游移不定的，他们就很容易检查，把他的臆见收集在一起，相互比对，通过这种比对证明这些臆见尽管涉及同一主题，针对同样的事物，但在同一方面却相互矛盾。接受考察觉悟了的人看到这一点就会责难自己，并且温和地对待其他人。【c】通过这种方式，他们从自己严重、固执的臆见中解脱出来，这种解脱会给倾听者带来最大的快乐，给接受者带来最持久的影响。我年轻的朋友啊，那些照料身体的医生认为，除非排除身体里的障碍物，否则身体就不能从进食中得到滋养；同理，那些灵魂的净化者也认为，【d】除非通过辩驳使被辩驳者陷入羞愧，移除那些阻碍学习的臆见，向他呈上纯净的东西，并使他认识到他只知道他所知道的而并无其他，否则，灵魂不可能从任何既有的学问中得到助益。

泰　这一定是各种品性中最优秀，最明智的。

客　由于这些原因，泰阿泰德，我们必须断定辩驳是各种净化中最伟大的，最权威的。【e】哪怕是一名伟大的国王，要是在最重要的方面没有受过辩驳，那么他在这些方面也是未受教化的和丑陋的，而在这些方面要成为真正幸福的人，必须是最纯洁最美的人。

---

① 训诫术（νουθετητική）。

泰　非常正确。

客　再说，我们应该说运用这门技艺的人是谁?【231】因为我担心把这些人称作智者。

泰　为什么?

客　免得我们把过高的荣誉加在他们头上。

泰　然而你刚才的描述确实很像智者。

客　就像狼和狗显得相似，最凶狠的与最温顺的显得相似。所有不想失足之人必须警惕相似的东西，因为这个种类的界限非常平滑。不过，就算他们是智者吧。因为只要人们保持足够的警惕，【b】这种论战就不会停留在细枝末节上。

泰　好像不会。

客　那就让划分术中包含净化术，再把净化术中针对灵魂的那个部分分离出来，其中有教导术，教导术中有教化术①。在教化术当中有针对空洞的自以为是的智慧②的辩驳，它在当前的论证中显现为正统而高贵的智术，而不是其他东西。

泰　让我们就这么说吧。但是，由于智术表现出多种外观，令我感到困惑，【c】不知究竟怎样表述智者才是准确的，而且确保所表述的是真正的智者。

客　你感到困惑很自然。但我们也可以假定智者现在也非常困惑，不知究竟怎样才能从论证中逃脱。俗话说得好，你不可能轻易逃避所有人的捉拿。所以，现在让我们对他发起总攻。

泰　说得妙极了。

客　首先，让我们站起来喘口气，【d】休息的时候我们可以算一下智者已经有多少种表现了。我认为，第一，他被发现为猎取富家公子酬金的猎人。

泰　对。

---

①　教化术（παιδευτική）。

②　自以为是的智慧（δοξοσοφία）。

客　第二，他是经营与灵魂相关的各种学问的某种商人。

泰　的确。

客　第三，他不还表现为这些学问的零售商吗？

泰　对。第四，我们还发现他是各种学问的自营者。

客　你真是好记性。让我来回忆第五种表现。【e】他也是在言语方面进行争斗的某种运动员，以其辩论的技艺与其他争斗术区分开来。

泰　是的。

客　第六种表现尚未确定，然而，我们还是同意并把他确定为净化者，净化灵魂中阻碍学问的臆见。

泰　确实如此。

客　【232】然而，某个人表现得拥有多种知识，却又被一门技艺的名称来称呼，这样做有什么不妥吗？如果某个人对某种技艺产生这样的印象，这表明他不能洞察所有这些学问所归属的这门技艺本身，所以他才用许多名称而不是一个名称来称呼拥有这门技艺的人，对吗？

泰　极为可能是这种情况。

客　【b】所以，我们一定不要偷懒，以免让这种情况在我们的探索中发生。让我们回顾一下我们在前面对智者的许多描述，其中一个尤其揭示了智者的特性。

泰　哪一个？

客　我们的确说过，他是一位争论者。

泰　对。

客　还有，他还是其他人在这个方面的教导者吗？

泰　当然。

客　那么，让我们来考虑一下，这种人声称能让其他人针对什么主题进行争论？来吧，让我们开始吧！【c】首先，他们能够做到让其他人针对众神——也就是大多数人不太明白的事物——进行争论吗？

泰　人们确实说他们能够做到。

客　其次，也针对可见的大地、天空，以及诸如此类的事物吗？

泰　当然。

客 再次，在各种私下场合，每当谈到事物的生成^①和实在的时候，我们知道不仅智者自己精通争论，而且能让其他人这样做。

泰 确实如此。

客 【d】还有，涉及法律和所有城邦事务，他们不是许诺能使其他人也能就此进行论战吗？

泰 如果他们不这样许诺，那就不会有什么人跟他们说话了。

客 此外，有关整个技艺和具体各门技艺，也就是那些行家们争论的事情，确实已经被写了下来，并且向任何有志学艺的人公开。

泰 【e】我想你指的是普罗泰戈拉，他写过搏击和其他技艺的书。

客 噢，我的朋友，还有好多书！他也写过许多其他技艺。这种争论技艺的关键似乎在于养成足够的能力，能就任何主题进行论战。

泰 几乎不会错过任何主题。

客 众神在上，年轻人，你认为这可能吗？对此你们年轻人也许能看清楚，而我已经老眼昏花了。

泰 【233】看什么？你指什么？我对现在这个问题不太明白。

客 是否有人能认识一切。

泰 客人，如果能这样，人类真是太幸福了。

客 那么，某个没有知识的人是否可能正确地与有知识的人进行争论？

泰 不可能。

客 那么，智者的能力有什么神奇呢？

泰 你指哪方面？

客 【b】智者通过某种方式使年轻人产生一种臆见，即他们对一切事物的看法在所有人中是最有智慧的。显然，如果他们的争论不正确，这些争论对年轻人也显得不正确，或者说，就算他们的争论显得正确，但在年轻人看来并不更有智慧，那么就会如你所说，几乎不会有人愿意付钱给他们，并成为他们这方面的学生。

---

① 生成（γένεσις）。

　泰　如果这样的话，几乎没人愿意。

　客　然而，现在的人们愿意吗？

　泰　非常愿意。

　客　【c】我想，这是因为他们看起来好像在所有争论的事情上拥有知识。

　泰　当然。

　客　我们说，关于一切事物，他们都这样进行争论。

　泰　对。

　客　所以，在争论一切事物的时候，他们在学生眼中都表现为有智慧的。

　泰　的确。

　客　然而，他们并不是这样的，因为我们断定这是不可能的。

　泰　当然不可能。

　客　所以，智者对我们呈现为拥有关于一切事物的某种自以为是的知识，但这不是真相。

　泰　【d】完全正确，这个描述很可能是关于他的描述中最正确的。

　客　让我们再采用一个更加清楚的例子。

　泰　什么例子？

　客　就是下面我要说的。请你尝试为我作出细心的回答。

　泰　你的问题是什么？

　客　假定某人声称自己不是知道如何论述和争论，而是知道如何使用一门技艺来制造一切事物……

　泰　【e】你说的一切是什么意思？

　客　你甚至对我们这个论述的出发点都不明白，因为你连这个一切都不懂。

　泰　我的确不懂。

　客　好吧，我的意思是你和我属于这个一切，我们之外的其他动物和树木也属于这个一切。

　泰　这是什么意思？

客　假定某人声称要把你、我以及其他一切自然物制造出来。

泰　【234】你说的制造是什么意思？至少，你不是在讲某个农夫，因为你说这个人还制造动物。

客　我是这个意思。除此，他还制造海洋、大地、天空、众神，以及其他一切。更有甚者，在把它们很快制造出来以后，还以低价出售。

泰　你指的是某种游戏吗？

客　怎么啦？无论谁说他知道一切，还能把它们很快教给其他人，我们不会说这是游戏吗？

泰　没错。

客　【b】你知道还有哪种类型的游戏比模仿术① 更专业，更迷人吗？

泰　不知道。你说出了这个最广泛，也几乎最复杂的类型，你把一切综合成了一。

客　我们认识到，那个许诺能用一门技艺创造一切的人，就像在用绘画技艺制造与实在同名的摹本，并在远处向愚拙的儿童展示，让他们误以为这个人能够制造他想造的一切。

泰　【c】的确如此。

客　还有，我们不是还能发现有另外一种使用语言的技艺，有人能用它向远离事物真相的年轻人施展魔法，通过往他们耳朵里说话的方式向他们展示一切事物的语言影像，从而让他们以为他所说的是真的，并且认为这个说话者在所有人当中是最有智慧的，无论他说的是什么。

泰　【d】为什么不可以有这样的技艺呢？

客　泰阿泰德，久而久之，随着听众年岁渐长，他们必然碰到周边的事物，并且由于各种遭遇的逼迫而清楚领略各种实在，从而改变了曾经拥有臆见，于是原先显得重要的事情会显得卑微，原先显得容易的事情会显得困难，【e】所有语言中的幻象将被实践中环绕着他们的事物完全颠倒过来，对吗？

---

① 模仿术（μιμητική）。

泰　对，假定我的年纪可以下判断的话。但是，我想我自己仍旧属于远离事物真相的人。

客　正因如此，我们在这里的所有人现在和将来都要努力，把你引导到尽可能接近真相之处，避免那些遭遇。所以，关于智者，请你告诉我，现在是否已经清楚他是魔术师①一类的人，【235】是实在的模仿者，或者说，我们仍旧在怀疑，以为他并非显得像是能就一切事物进行争论，而是真的能对所有事物拥有知识？

泰　我们怎么会还在怀疑呢，客人？我们上面讲的足以清晰地表明，他确实是某种游戏的参与者。

客　那么，我们可以把他归为某种魔术师和模仿者。

泰　当然可以。

客　那么来吧，我们现在的工作是不再让这个猎物逃脱。【b】因为我们已经用一种专门对付他的工具把他网住了，他起码无法逃脱下面这一点。

泰　哪一点？

客　他属于一种魔术师。

泰　我对他也持这种看法。

客　让我们尽快对影像制造术②进行划分，并且一直划下去，一旦直接面对智者，就按照论证之王的命令捕获他，【c】然后报捷献俘。但若他以某种方式躲入模仿术的各个部分，我们必须通过不断地划分他所在的部分而紧跟，直到捕获。无论是这种人，还是其他种类的人，都不能夸耀能逃脱进行这种探索的人，既能通过个别，又能通过一般。

泰　说得好！我们应当这么办。

客　按照以往的划分，我似乎发现了模仿术的两个类型。【d】但是我们要探寻的这个类型属于这两个类型中的哪一个，我现在还没有把握。

---

①　魔术师（θαυματοποιός），字面含义是"奇迹制造者"。

②　影像制造术（εἰδωλοποιική）。

泰 你尽管先说出来，告诉我们你所说的两个类型是什么？

客 我发现有一种仿造影像的技艺。这是最明显的，也就是在制造摹本的过程中，时刻遵循原本在长、宽、高上的比例，【e】此外还要用相应的颜色还原它的每个部分。

泰 你为什么要这样说？不是所有模仿者都在努力这样做吗？

客 不，那些制造或绘制庞大作品的人并不总是这样。这是因为，要是他们按照原来的比例还原美的原物，那么你知道，上部会显得太小，【236】而下部会显得太大，因为前者离我们远，后者离我们近。

泰 的确如此。

客 所以，工匠们背离真相，在造像时不按照真实的比例，而是按照看上去美的比例，对吗？

泰 确实如此。

客 由于被造的摹本与原本相仿，所以这种制造不可以称作仿像吗？

泰 可以。

客 【b】与之对应的模仿术的这个部分，如前所述，应当被称作仿像术①。

泰 应当。

客 再说，那个显得与美的事物相仿，但并不真的美的东西——如果有人有足够的能力观看如此宏大的事物，他会发现它与被认为相仿的东西并不相仿——我们应该把它叫作什么？由于它只是显得如此，而实际上并不相仿，可以称之为幻象②吗？

泰 的确可以。

客 【c】这个部分包括绘画以及其他许多种模仿术。

泰 对。

客 所以，这种制造幻象而非相仿事物的技艺可以恰当地称作幻

① 仿像术（εἰκαστική）。

② 幻象（φάντασμα）。

象术^① 吗？

　　泰　确实如此。

　　客　那么，这就是两种类型的影像制造术：仿像术和幻象术。

　　泰　没错。

　　客　是的，不过我还在犹豫，到底应当把智者归入哪一种。至少，我现在还不太清楚。【d】这种人确实非常神奇，极难洞察。此刻，他又以十分巧妙的方式逃进难以发现的类型中了。

　　泰　似乎如此。

　　客　你是真的认识到了这一点才表示同意，还是由于习惯了被论证拖着走才应声附和？

　　泰　怎么会呢？你为什么这么说？

　　客　我的朋友，我们确实碰到难处了。【e】"显现"和"看似"，但却"不在"，陈述了一些事情，但却不真，所有这些无论过去还是现在，总是令人充满困惑。什么样的表达方式能够用来陈述或论断假的东西真的存在，而在这样做的时候又不会陷入悖论，【237】泰阿泰德呀，这是极为困难的。

　　泰　怎么会这样？

　　客　这个论断竟然设定"非在者在"^②，而假的东西不会以别的方式成为在者。但是，我的年轻朋友，伟大的巴门尼德从我们还是孩子的时候开始，一直到最后都拒斥这个观点。他用论证和韵文都说过："非在者在，决不要受这种看法的逼迫；相反，你们在探究中要让思想避免这一途径。"

　　【b】由于有了这一证言，对这个论断进行适度的检验是最好的证明。如果你对此没有异议，让我们首先考虑这一点。

　　泰　我听从你的调遣。至于进行论证，你得考虑能获得结论的最佳途径，并使我能跟上你。

----

① 　幻象术（φάντασ τική）。

② 　"非在者在"（τò μὴ ὂν εἶναι）。

客 我会这样做的。现在请告诉我，我们敢用绝对非在者①这样的表述吗？

泰 当然敢。

客 让我们不要为了争辩而争辩，也不要把它当儿戏，【c】你们这些听众当中是否有人能认真地想一想，回答一下非在者这个名称可以用来指什么东西这个问题。他会把这个名称用在什么东西上？为什么要用它？他用这个名称要向询问者说明什么？——对这些问题我们应当怎么看？

泰 这是个难题。至少像我这样的人几乎无法找到答案。

客 好吧，至少这一点还是清楚的，非在者一定不可以用来指称某个在者。

泰 对。

客 由于它不能指称在者，也就不能正确指称某个事物。

泰 为什么？

客 【d】对我们而言，某个事物这样的表达法在任何时候都表示在者，不可能只是赤裸裸地谈论脱离一切在者的某个事物，对吗？

泰 对。

客 你同意这种看法是由于说到某个事物必须至少说到某一个事物吗？

泰 是这样的。

客 因为你断言某个事物所表示的是一个事物，而某两事物表示的是两个事物，某些事物表示的是多个事物。

泰 的确。

客 【e】那么，似乎某人说非任何事物的时候，必定没有说任何事物。

泰 必然如此。

客 我们甚至也不能同意这一点：某人既在说某个事物又不在说某

---

① 绝对非在者（τὸ μὴ δαμῶς ὄν）。

个事物。与此相反，在他试图表述非在者的时候，我们必须断定他没有说任何事物，对吗？

泰　这个说法肯定会结束我们的困惑。

客　【238】且莫说大话。我的朋友，因为这才是最大的和首要的困惑，这才是触及困惑的根源。

泰　这怎么讲？你说吧，别犹豫。

客　一方面，在者必定可以附加于其他某个在者。

泰　的确。

客　另一方面，我们能把某个在者附加于非在者吗？

泰　这怎么可能？

客　好吧，我们设定所有数都属于在者。

泰　【b】当然，正如别的每一个事物可以被设定为在者一样。

客　那么，我们就别试图把数中的多或一附加于非在者。

泰　按照上述论证，如果我们这样做，无论如何都是不正确的。

客　那么，脱离了数，一个人怎么能够口头表达"诸非在者"或"非在者"，或者说，怎么能在心里思考它们？

泰　请你告诉我。

客　一方面，在说诸非在者的时候，【c】我们试图附加数方面的多，对吗？

泰　对。

客　另一方面，在说非在者的时候，我们又试图附加一，对吗？

泰　显然。

客　然而我们说过，试图把在者附加于非在者既不恰当也不正确。

泰　你说得很对。

客　那么你明白了：绝对非在者不可能正确地被表述、论说和思考，正好相反，它是不可思考的，不可论说的，不可表述的，不合理的。

泰　相当正确。

客　【d】我刚才说我这才是最大的困惑，当我这样说的时候，我岂不是在说假话？

泰　但是，我们还能说出别的更大的困惑来吗？

客　噢，好小伙子，你没听懂我刚才说过的那些话吗？非在者甚至逼迫驳斥者感到困惑。无论谁试图驳斥它，都被迫陷入自相矛盾。

泰　怎么会这样？请说得更加清楚一些。

客　你不该要求我解释得更清楚。【e】我已经设定非在者既不分有一也不分有多，而刚才和现在我都已经把它当作一个事物来谈论，因为我在说这个非在者。你明白了吗？

泰　明白。

客　还有，就在刚才我又说它"是"不可表述、不可论说，不合理的。你跟得上吗？

泰　当然，跟得上。

客　那么，当试图附加"是"的时候，我与前面所说的自相矛盾了，对吗？

泰　【239】显然。

客　还有，当我附加上这个词的时候，我把它当作一个事物来谈论了，对吗？

泰　对。

客　还有，在说到不可表述、不可论说，不合理的时候，我又对它作了陈述，好像它是一个事物。

泰　确实如此。

客　所以，我们必须断定：假如某人要正确地措词，必须把它界定为既非一又非多，甚至完全不要称呼"它"，因为这样的称呼也就把它当作一个事物了。

泰　确实如此。

客　【b】那么，某些人会怎么说我呢？他看到，无论刚才还是现在，我关于非在者的辩驳早就失败了。所以，别再考虑我刚才关于非在者的言论有什么正确的说法，与此相反，现在让我们来考虑你会有什么说法。

泰　你这是什么意思？

客　来吧，你年纪轻，尽你最大的能力努力尝试，按正确的方法对它作些表述，既不要把在者也不要把数中的一和多附加给它。

泰　【c】看到你的这种遭遇，如果我还要去尝试，非得有超常的勇气不可。

客　如果你同意，那就暂且放过你和我。在我们遇到某个有此能耐的人之前，我们承认智者已经以一种非常无赖的方式藏匿到了一个无路可达的地方。

泰　显然。

客　所以，如果我们断定他拥有某种幻象术，【d】那么他会轻易地利用我们的论证，反过来攻击我们。我们说他是影像制造者，他就会问我们讲的影像到底表示什么。所以，泰阿泰德，我们必须考虑用什么来回答这个顽固的家伙的问题。

泰　【e】我们显然会说水中或镜子中的各种影像，还有画像或雕像，以及其他这一类东西。

客　泰阿泰德，你显然从来没有见过智者。

泰　怎么了？

客　他会让你觉得他闭着眼睛，或者根本没有眼睛。

泰　怎么会呢？

客　你如果提到镜子中的东西或者某种仿造品，他会嘲笑你的论证。一旦你说他在看的时候，【240】他会装作不知道镜子、水甚至一般意义上的视觉，而只问你那个用语言表达的东西。

泰　什么东西？

客　那个贯穿你提到的所有事物的东西，你已经宣称这些东西都可用影像这个名称来称呼，好像它们全都是一个东西。所以，请你把它说出来，然后保护自己，不要向那个人让步。

泰　客人，我们一定会把影像说成是被造得与真的东西相似的另一个这类东西，难道不是吗？

客　你把另一个这类东西说成真的东西吗？【b】不然的话，你把这类东西说成什么？

泰　这类东西决不是真的，而是相仿的。

客　真的东西表示真的在者，对吗？

泰　对。

客　那么不真的东西是真的东西的相反者吗？

泰　的确。

客　所以，如果你把相仿者说成不真的东西，你也就把它说成了不真的在者。

泰　不过，在某种意义上，它是在的。

客　按你的说法，它无论如何真的不在。

泰　的确不在。不过它真的是仿像。

客　所以，我们所谓的仿像真的不在而又真的在吗？

泰　【c】很有可能，非在和在已经结合成诸如此类的结合物，这太诡异了。

客　的确如此！通过这些变换，你一定看到多头的智者迫使我们不情愿地同意非在者在某种意义上在。

泰　我确实看到了。

客　现在该怎么办呢？我们怎样界定他的技艺而又不会自相矛盾呢？

泰　你怎么这样讲？你担心什么？

客　【d】当我们说他利用幻象进行欺骗，而且他的技艺是某种欺骗术时，我们不该说它的技艺使我们的心灵做出假判断吗，不然的话我们该说什么？

泰　就这样说。不然还能说什么？

客　还有，假判断就是断定诸在者的相反者吗？

泰　对，就是相反者。

客　那么，你会说假判断断定诸非在者吗？

泰　必然如此。

客　【e】它断定诸非在者不在，或者那些约对非在者在某种意义上在吗？

　　泰　如果某人曾经说过哪怕是最轻微的假话，那么诸非在者必定在某种意义上在。

　　客　他还断定那些绝对在者绝对不在吗？

　　泰　对。

　　客　这也是假的吗？

　　泰　这也是。

　　客　我认为，我们也可以按照这个方式来看待假陈述，【241】即它把诸在者说成不在，而把诸非在者说成在。

　　泰　不然怎么会有假陈述呢？

　　客　没有别的方式了。但是，智者会否认这一点。如果把我们早些时候承认的东西已经得到进一步确认，有理智的人怎么会认可这一点呢？我们明白他的意思吗，泰阿泰德？

　　泰　我们当然明白。他会说我们刚才说的话是相悖的，我们竟然说"假"存在于判断和陈述之中。【b】他会说我们被迫不断地把在附加给非在者，而在那之前却又同意这是完全不可能的。

　　客　你的回忆是正确的。但是你现在必须考虑我们该对智者做些什么。如果我们追踪他，并且把他设定在造假者和魔术师的技艺中，那么你会看到有许多反击和困惑。

　　泰　的确如此。

　　客　这些反击和困惑几乎是无穷的，【c】我们已经说过的只是其中的一小部分。

　　泰　如果是这样的话，那么要捉住智者好像是不可能的。

　　客　那该怎么办？我们现在就畏惧而放弃吗？

　　泰　至少我认为还没有这种必要，如果我们还有一点机会能以某种方式捉住他。

　　客　不过，要是我们能从如此强大的论证中稍微解脱一下，你会谅解我，而且就像你现在说的那样，会感到满意，对吗？

　　泰　我当然会。

客　【d】那么我对你还有进一步的要求。

泰　那是什么？

客　你可别把我当作弑父者。

泰　怎么讲？

客　我们在为自己辩护时必须对我们的父亲巴门尼德的论断进行考察，并且迫使非在者以某种方式在，在者则在某种意义上不在。

泰　我们在论证中应该坚持这些论点。

客　这非常明显，如俗话所说，瞎子也能看见。【e】这些论点要么遭到驳斥，要么被接受，否则任何人谈起假陈述或假判断，谈起影像、仿像、摹本、幻象，或与此相关的任何一门技艺，几乎都不可避免地要被迫陷入悖论而成为笑柄。

泰　非常正确。

客　【242】由于这个缘故，我们现在要攻击我们父亲的那个论断。如果我们有所顾忌而不敢这么做，我们就干脆完全放弃。

泰　不要让这种顾忌阻碍我们前进。

客　还有，我向你提出第三个小小的请求。

泰　你尽管讲。

客　在刚才的论证中，我曾说我对这一点的辩驳总是有所退缩，现在仍然如此。

泰　你说过这话。

客　好吧，我担心这些话会让你认为我疯了，因为我的脚步摇摆不定。【b】如果我们的确在驳斥的话，只是为了使你能够满意，我们才尝试着这样做。

泰　如果你进行辩驳和论证，我决不认为你过分，所以你尽管放心好了。

客　来吧！如此危险的论证该从哪里开始呢？我想，小伙子，我们要转向下面这条必由之路。

泰　哪一条？

客　首先来考虑一下现在看来好像明白的事情，【c】以免对此稀里糊涂，还自以为有良好的洞察力，轻率地达成共识。

　　泰　请把你的意思说得更清楚些。

　　客　在我看来，巴门尼德和其他一些人只求界定诸在者的数量和性质，而对我们来说，这太简单化了。

　　泰　怎么讲？

　　客　在我看来，他们每个人都在讲故事①，把我们当小孩。一个人说，在者有三个，它们有时以某种方式相互争斗，【d】有时又相爱，甚至结婚和生育，还抚养后代；另一个人说，在者有两个，湿与干，或者，热与冷，而且它们婚配并共居一处；但是，就我们爱利亚部落而言，从克塞诺芬尼②开始，或者还要更早，他们就这样来讲他们的故事，亦即所谓的"一切是一"。伊奥尼亚和西西里的某些后来的缪斯觉得把二者结合起来最保险，【e】于是就说在者既是多又是一，通过恨与爱联系在一起。这些缪斯中的强硬派说，"它永远在分离中聚合"；【243】温和派则有所松动，认为并非永远如此，而是认为情况有所分别，有时在爱神阿佛洛狄特③的影响下一切是一，而且是友爱的，有时在某种纷争影响下一切成为多，自己与自己为敌。然而，上述种种观点是否有哪个是正确的，或者是否有哪个是错误的，这很难讲，而且对这些知名的前辈妄加指摘是不妥的。不过，把下面这一点揭示出来应该不算冒犯……

　　泰　哪一点？

　　客　他们轻视我们这样的普通人，也不关心我们是跟上了他们的观点还是被甩在后面，【b】而是只顾完成各自的论证。

　　泰　你这是什么意思？

　　客　他们中的某个人在论述中使用这样一些说法：多、一、二，已

---

① 故事（μῦθος），亦译寓言。
② 克塞诺芬尼（Ξενοφάνης），古希腊哲学家（约公元前570—480年），爱利亚学派的先驱者。
③ 阿佛洛狄忒（Αφροδίτη），希腊爱神。

经生成，或正在生成，热与冷相结合，而且还到处设定分离与结合，众神在上，泰阿泰德，你明白他们这些说法吗？在我年轻的时候，有人讲到我们当前这个非在，我以为自己理解得很清楚，而现在你看到了它带来的困惑和我们现在的处境。

泰　【c】我看到了。

客　关于在者，我们的灵魂可能也处于同一状况，我们总认为在者很好懂，当有人表述它的时候能够理解，而非在者不好理解。但实际上，对二者我们的灵魂很可能处于同样的状况。

泰　可能是这样的。

客　可以说，对刚才提到的其他一些表述，我们也处于同样的状况。

泰　的确如此。

客　如果你觉得可以的话，我们晚些时候再对其中多数表述加以考虑。【d】而现在，我们必须先考察其中最主要的和最基本的。

泰　你指的是哪个表述？噢，当然了，你指的是我们首先要考察在者，也就是说，我们必须追问那些表述它的人它表示什么，对吗？

客　你的确跟上了我的步伐，泰阿泰德。我确实认为我们应当遵循这条途径。假定那些人都在我们面前，让我们来提问："来吧，所有说一切是冷与热或诸如此类的对子的人，在断言二者和它们各自是什么的时候，你们在这两种情况下究竟想要表达什么？【e】我们该把你们说的这个在者当作什么？难道在这二者之外有一个第三者，我们应该设定一切是三，而不是你所设定的一切是二？因为当你们把二者中的一个或另一个称作在者的时候，你们并不说二者以相同的方式是什么。因为，在两种情况下，它们都会是一而非二。"

泰　你说得对。

客　"那么你想把二者都称为在者吗？"

泰　也许。

客　【244】我们会说："但是，朋友啊，那样的话显然又把二说成了一。"

泰　你说得对。

客　"既然我们已经陷入困惑，你们必须清楚地告诉我们，当你们讲到在者的时候，你们究竟想表示什么，因为你们似乎早就理解它了。我们从前也这样认为，而现在却感到困惑。请先在这一点上开导我们，以便我们不必臆想自己理解你们所说的事情，而我们实际上完全不理解。"【b】小伙子，如果我们这样说，并对他们和那些说一切多于一的人提出这样的要求，这样做有什么不妥吗？

泰　没什么不妥。

客　再说，我们不要尽全力追问那些说一切是一的人，他们究竟用在者表示什么吗？

泰　当然要。

客　那么让他们回答这个问题。"你们的确主张只有一吗？"——他们会说，"我们就是这么主张的"，对不对？

泰　对。

客　"那么，你们还把某个事物称作在者吗？"

泰　对。

客　【c】"这就是所谓的一，因此，你们用了两个名称来称呼同一个事物吗？不然怎么讲？"

泰　客人，他们的下一个回答是什么？

客　显然，泰阿泰德，对那个做了预设的人而言，他要回答现在这个问题以及其他问题很不容易。

泰　为什么会这样？

客　首先，已经设定除了一以外没有任何东西的人无法承认有两个名称，这肯定是荒谬的。

泰　当然。

客　其次，如果他完全接受有某个名称这样的说法，【d】这也是没道理的。

泰　怎么讲？

客　假如设定名称与事物相异，那么他一定说到了两个事物。

泰　对。

客　但若设定名称与事物相同，那么必须说名称不是任何事物的名称；如果说名称是某个事物的名称，那么就会得出它纯粹是名称的名称，而不是其他任何事物。

泰　是这样的。

客　这样的话，一是一的名称，而且这个一是名称的一。

泰　必然如此。

客　还有，他们会说整体和作为在者的一相异还是相同？

泰　【e】他们肯定会说相同，并且确实这样说了。

客　正如巴门尼德所说，整体在每个方面都像一个滚圆的球，从中心到每一方向距离相等，因为不可以有任何地方更大或更小——如果整体是这样的，那么在者就有中心和边缘，有了这些也就必定有各个组成部分。不然又会怎样呢？

泰　是这样的。

客　【245】然而，没有任何东西妨碍被分成部分的事物的每个部分都具有一的特性，以这种方式，它既是整个在者又是一个整体。

泰　当然。

客　那么，具有这个特性的东西不可能是一本身吗？

泰　怎么讲？

客　按正确的道理来讲，真正的一必定完全没有部分。

泰　一定不能有。

客　【b】但是，由多个部分组成的那个事物不符合这个道理。

泰　我明白。

客　那么，我们应该说按照这种方式具有一之特性的在者将会是一和整体，还是应该说，在者无论如何都不是整体？

泰　你给了我一个艰难的选择。

客　你说得很对。因为，如果在者以某种方式具有一的特性，那么在者与一就表现为不相同，而且一切就会多于一。

泰　对。

客 【c】但若在者由于具有那个特性而不是一个整体，而是整体自身，这会推导出在者比自身要少。

泰 当然。

客 所以，按照这个道理，在者丧失了自身而成为非在者。

泰 是这样的。

客 这样一来，一切又会多于一，因为在者和整体分别具有各自的本性。

泰 对。

客 如果完全没有整体，同样的情况也会出现在在者之上；【d】非但没有在者，而且根本不曾生成。

泰 怎么讲？

客 生成者总是生成为整体。如果不把整体归到诸在者中，那么就既不能说有在者，又不能说有生成。

泰 这样说似乎完全正确。

客 进一步说，非整体必定不是任何确定的数量，因为如果它是确定的数量，它必定是这个数量的整体。

泰 确实如此。

客 因此，无论谁说在者是两个或者一个事物，【e】他都会遇上无数的困难，陷入无限的困惑。

泰 刚才所阐明的足以表明这一点。一个论断导致另一个论断，后一个论断总比前一个论断引发更大的困难和疑惑。

客 对在者和非在者进行精确说明的人，我们没有全部罗列，不过这已经够了。现在必须转过来考察那些以不同方式进行讨论的人，这样的话，在看了所有人的说法之后，【246】我们就可以看到，表达在者是什么并不比表达非在者是什么更容易。

泰 我们必须面对他们。

客 由于他们关于实在①的看法彼此对峙，在这些人当中好像有一

————————

① 实在（οὐσία），亦译本是，本在。

场众神与巨人之间的战争。

泰　怎么讲?

客　有一派把一切事物从天上和不可见的世界拉到地下,用他们的双手像握石头和树木那样去触摸,因为他们认为只有这类坚硬的、可以用手把握和触摸的事物才是存在的。【b】他们把物体与实在界定为同一个东西,一旦另一方断言有某些非物体性的东西,他们就会非常鄙夷,再也不愿听别的。

泰　你在说这些可怕的人。我以前遇到过许多这样的人。

客　于是,那些与他们对峙的人非常谨慎地从高处不可见的地方进行抵抗,极为主张理智性的东西,也就是说他们认为非物体性的型相才是真正的实在。至于对方提到的物体以及所谓真实的东西,在陈述中他们将之化为碎片,【c】并且称呼它们为与存在相反的生成过程。泰阿泰德呀,在他们之间形成了某种无休止的战争。

泰　没错。

客　那么,让我们逐个把握这两种人对实在的解释。

泰　我们该怎么做?

客　那些把实在设定为型相的人相对比较容易把握,因为他们比较温顺;但是那些用暴力把一切都拉到物体里面的人则会比较困难,【d】或许根本不可能把握。不过,在我看来,对这种人我们必须按照下面这个方式来做。

泰　什么方式?

客　如果有可能的话,我们最好还是使他们变得比较优秀;但若不可能做到,那么我们就在语言上试一试,假定他们回答问题的时候愿意更守规矩。优秀者的共识应当比卑劣者的共识更有价值。但是,我们并不去操心这些事情,而是要追寻真相。

泰　【e】非常正确。

客　那么好吧,召唤那些已经变得比较优秀的人来回答问题吧,你来转达他们说的话。

泰　行,就这么办。

客　让他们说，他们是否主张有会死的动物这样的东西。

泰　当然有。

客　他们同意会死的动物是有灵魂的物体吗？

泰　同意。

客　他们把灵魂设定为某种在者吗？

泰　【247】对。

客　他们还主张既有正义的又有不正义的灵魂，既有聪明的又有不聪明的灵魂吗？

泰　的确。

客　但是，每个灵魂由于持有正义和正义的在场而成为正义的，相反者则由于相反的事情，对吗？

泰　对，他们也认同这一点。

客　他们会认为，那个能够在场或不在场的肯定是某个东西。

泰　他们会这样认为的。

客　【b】既然有正义、智慧、其他美德以及它们的相反者，尤其是它们内在于灵魂，他们认为这些事物都是不可见的，还是认为其中有些是看得见、摸得着的？

泰　它们当中几乎没有一个是可见的。

客　他们认为这类不可见者有形体吗？

泰　他们不把这些当作整体来回答。在他们看来，灵魂本身有形体，至于你说的智慧或者其他一些东西，他们感到羞愧，【c】既不敢承认它们不是任何在者，也不敢坚持它们全都有形体。

客　这显然是由于我们做的事情，泰阿泰德，他们变得比较优秀了。他们当中土生土长的人在这些主张面前不会感到羞愧，而是坚信凡是不能用双手紧握的一切绝对是无。

泰　你所说的几乎就是他们的想法。

客　让我们重新提问，因为只要他们承认诸在者中有一丁点儿是非物体性的就够了。【d】他们发现某种东西既与非物体性的东西同类，又与物体性的东西同类，因此就说它们二者都存在，所以他们必须把这种东西告诉我们。他们很可能已经感到困惑了。如果他们已经被此类事情难住，请你考虑一下，他们是否会接受并同意我们的建议，也就是说，在者是下面这个东西。

泰 哪一种东西？请说出来，我们也许能知道。

客 我的意思是任何有能力的东西。【e】这种东西在本性上要么倾向于对其他事物起作用，要么倾向于承受其他事物的作用，而无论这种作用程度是多么细微，或者只出现一次——所有这些东西都是真实存在的。我来给诸在者做一个界定，它无非就是能力。

泰 既然他们目前没什么更好的看法要说，那就算他们接受了。

客 好吧，但我们和他们以后都可能会有不同的看法。【248】现在，且让我们与他们在这一点上达成共识。

泰 可以。

客 然后让我们转向另一派，那些型相之友。你来为我们转达他们的说法。

泰 就这么办。

客 你们认为生成和实在有所分别，对吗？

泰 对。

客 你们认为，一方面，我们依靠身体通过感觉与生成打交道；另一方面，我们依靠灵魂前通过理性与实在打交道，实在自身永远维持着自身同一，而生成则因时而异。

泰 【b】我们是这么认为的。

客 但是，你们这些强人啊，我们该怎么说你们两次提到打交道呢？它不就是我们刚才所说的那个观点吗？

泰 哪个观点？

客 相互聚合的东西，由于某些能力而出现作用与被作用。泰阿泰德，你也许没有听到过他们这样的回答，但是我听到过，我和他们非常熟悉。

泰 那么，他们提出的主张是什么？

客 【c】他们不同意我们刚才对那些土生土长者所做的那个关于在

者的描述。

泰　哪一个?

客　我们刚才给诸在者做了合适的界定,亦即凡是有能力起作用可承受作用的东西——哪怕这种作用极其细微。

泰　对。

客　对此,他们的回答是,生成分有起作用和承受作用的能力,但是这两种能力并不适用于在者。

泰　他们的话毫无意义吗?

客　我们必须这样回应,我们还需要他们解释得更清楚些,【d】也就是说,他们是否同意灵魂在认识,而实在被认知?

泰　他们肯定会这么说。

客　那么,你们认为认知或被认知是起作用还是承受作用,还是二者兼有?或者说,其中一个承受作用,另一个起作用?或者说,它们都不能归入这些名目之下?

泰　显然都不能,否则的话,我们的朋友就会与他们前面说的话自相矛盾了。

客　我知道了。他们不得不这样说。如果认知是起作用,【e】那么反过来必定可以推导出被认知是承受作用。据此,实在受到认知行为的认知,由此而被认识,并且它由此通过受作用而运动,然而我们主张这种情况不可能发生在静止者之上。

泰　对。

客　宙斯在上,我们可以这么容易相信运动、生命、灵魂、思想不出现在绝对在者之中吗?【249】它既无生命也不思考,而是庄严肃穆、没有理智、静止不动的东西吗?

泰　如果是这样,客人,我们就认同了可怕的说法。

客　那么,我们会说它有理智而无生命吗?

泰　当然不会。

客　如果我们说它包含二者,那么我们会否认它在灵魂中包含二者吗?

泰　怎么可能有别的方式?

客　但若它拥有理智、生命和灵魂,那么这个有灵魂的事物会完全保持静止不动吗?

泰　【b】在我看来,这完全是不合理的。

客　所以,我们承认有运动的东西和运动。

泰　当然。

客　泰阿泰德,由此可以推出,如果诸在者是不运动的,那么任何地方、任何东西都不会有理智。

泰　的确如此。

客　另一方面,如果我们同意一切都处于过程和运动之中,那么根据这个道理,我们也要把理智从诸在者中排除出去。

泰　怎么会?

客　【c】你试想一下,没有静止,可能会有在任何时间、任何方面都与自身同一的事物吗?

泰　决不会。

客　没有这种情况,你怎么可能发现理智的存在和生成呢?

泰　不可能。

客　好吧,如果某人取消知识、思想或理智,又以某种方式坚持某个主张,那么我们必须尽力使用一切论证与他作战。

泰　的确如此。

客　对于哲学家,亦即把这些东西视为最重要的人来说,必须拒绝一切是静止的这种说法,无论这种说法来自主张一的人还是主张多的人;【d】同时,他也决不听从在者是完全运动的这个说法。反之,他要像小孩一样两个都要,包括不运动者和运动者,认为二者合在一起才是在者和一切。

泰　非常正确。

客　好吧,我们似乎已经妥善地用这个论证把握到了在者,对吗?

泰　确实如此。

客　天哪! 泰阿泰德,我觉得我们必须明白,这个考察多么让人感到困惑。

　　泰　【e】你这样说又是什么意思？

　　客　噢，小伙子，你难道看不出关于这一点我们正处在彻底的无知当中，而我们还自以为说对了什么似的？

　　泰　我是这么以为的。但我不明白我们怎么就被蒙蔽了呢？

　　客　更想清楚些：如果我们同意刚才的话，【250】那么别人就可以正当地对我们提出质问，就像我们刚才质问那个说一切是热和冷的人一样。

　　泰　什么质问？你提醒我一下。

　　客　当然可以。我会尝试着对你提问，就像对他们提问一样，这样两边都能同时有所进展。

　　泰　很好。

　　客　那么来吧。你认为运动与静止彼此完全对立吗？

　　泰　当然。

　　客　而且你还说，它们二者各自以同样的方式存在吗？

　　泰　【b】我确实是这么说的。

　　客　当你同意它们在的时候，你的意思是二者各自都在运动吗？

　　泰　完全不是。

　　客　当你说它们都在的时候，你表示它们都在静止吗？

　　泰　当然不是。

　　客　所以，你在灵魂中把在者设定为它们之外的第三者，而它又包含了运动和静止，对吗？当你说二者都在的时候，你又把这二者放到了一起，专注于它们和实在的结合，对吗？

　　泰　【c】当我们说运动和静止在的时候，我们可能真的把在者揣测成第三者了。

　　客　那么，在者不是运动与静止二者合在一起，而是与它们相异的某个东西。

　　泰　似乎如此。

　　客　那么，按其本性，在者既不静止，又不运动。

泰　差不多。

客　那么，如果有人想为自己确立有关在者的确定观念，他应该把思想转向何处呢？

泰　转向何处？

客　我觉得无论向何处都很困难。【d】如果某个事物不运动，它怎么会不静止？或者说，绝对不静止的东西怎么会不运动？然而，在者现在向我们显示为这二者以外的东西。这是可能的吗？

泰　完全不可能。

客　那么，我们现在来回忆这一点是恰当的。

泰　哪一点？

客　当我们被问到非在者这个名称究竟应当用到什么上面的时候，我们完全感到困惑。你还记得吗？

泰　当然。

客　【e】而现在，我们对在者的困惑会小一些吗？

泰　客人呀，对我来说，如果在者这个名称能用在某个事物上面的话，我们会更加困惑。

客　那么，我们至此完全确定了这个困惑。由于对在者和非在者也有同样的困惑，现在我们希望二者中的某一个得到模糊或清晰的显现，以便使另一个也能显现。【251】但若我们没有能力去发现它们中的任何一个，那么我们只好放弃这个论证，采用最好的方式逃离它们。

泰　很好。

客　那么，让我们来说一下，我们以什么方式用多个名称来表述同一个事物？

泰　例如？请举个例子。

客　当我们说到人的时候，我们的确用很多东西来称谓他，把颜色、形状、尺寸、卑劣或美德附加在他身上。在所有这些陈述和其他无数陈述中，我们说他不仅是人，【b】而且是善的，以及无数别的性质。此外，与此同理，我们把每一个事物设定为一，却又说它是多，并且有许多名称。

　　泰　你说得对。

　　客　我想，通过这个例子，我们给年轻人和年老晚学的人提供了一场盛宴，因为他们可以轻易做出反驳，说多不能是一，一也不能是多。他们确实乐意不允许说人是善的，【c】而只允许说善是善，人是人。泰阿泰德，我觉得你经常会碰到那些热衷于此道的人。有的时候是一些思想贫乏的老人，他们对这些论点感到神奇，并觉得自己发现了某种终极智慧。

　　泰　的确。

　　客　我们现在提出下面这些问题，让这个论证针对所有在谈话中曾经论及实在的人，【d】不仅针对这些人，而且针对我们先前交谈过的人。

　　泰　哪些问题？

　　客　我们应当拒绝把在附加于运动和静止之上，把任何一个事物附加到另一个事物之上吗？我们在言论中应当把它们设定为不可结合，不能彼此分有的吗？或者说，我们应当设定它们彼此能够相互结合，而且一切都可以归结为同一个事物吗？又或者说，有些事物可以相互结合，有些事物不可以吗？【e】泰阿泰德，我们要说，他们会做出什么选择？

　　泰　我不知道该如何代表他们进行回答。

　　客　那么为什么不逐一回答这些问题，考虑每一种情况下会有什么推论呢？

　　泰　好的。

　　客　如果你愿意，首先让我们设定，他们说没有任何事物有任何能力与其他事物结合。这样一来，运动和静止就不分有实在了。

　　泰　【252】的确不分有。

　　客　如果它们与实在不结合，它们还会在吗？

　　泰　不在。

　　客　按照这一共识，似乎所有主张很快就可以被消解，包括一切是运动的主张，一切是静止的主张，以及诸在者永远与其自身相同的主张，因为所有这些人至少都用了"是"这个词，有些人说一切真的是运动的，有些人说一切真的是静止的。

泰　确实如此。

客　【b】还有，一些人时而把一切聚集起来，时而把一切分离开来，无论他们把无限多聚集为一，又从一中分离出无限多，还是把一切划分为有限的元素又使它们聚集起来，也无论他们把这种情况定为逐个阶段发生，还是设定为持续发生——如果没有任何结合，这一切将成为空谈。

泰　对。

客　还有，有些人不允许一事物分有另一事物的性质，并用该性质来表述这个事物，这些人的论证是极其荒谬的。

泰　【c】怎么会这样？

客　他们不得不把"是""除外""其余""自身"，以及许多这样的东西应用于每个事物之上。他们摆脱不了这些东西，不能不把它们用于他们的陈述；他们不需要别人来驳斥他们，如常言所说，敌人就在他们自己家中，好像诡异的欧律克勒斯①，不管走到哪里，腹中总是藏有声音。

泰　【d】你的比喻很贴切。

客　但是，假如我们允许一切都有能力相互结合呢？

泰　甚至连我都能排除这一点。

客　怎么讲？

泰　如果运动和静止相互生成，那么运动本身会完全静止，而静止本身则会运动。

客　但是，"运动"静止，"静止"运动，这肯定是不可能的，对吗？

泰　当然。

客　那么只剩下第三种情况。

泰　对。

客　【e】以下这些情况必定有一种是正确的：要么一切事物都能

---

①　欧律克勒斯（Εὐρυκλές），一名男巫，能说腹语。参阅阿里斯托芬：《马蜂》，第 1016—1022 行。

结合；要么一切事物都不能结合；要么有些事物能结合，有些事物不能结合。

泰 当然。

客 我们已经发现前面两种情况是不可能的。

泰 对。

客 凡是想要正确作出回答的人都会选择剩下的第三种情况。

泰 确实如此。

客 某些事物可以结合，某些事物不可以结合，【253】这种情况跟字母很相似。有些字母彼此之间不能结合，而有些则可以结合。

泰 当然。

客 元音字母不同于其他字母，它像纽带似的贯穿一切，因此缺了元音字母，其他字母就不能相互结合。

泰 是这样的。

客 所有人都知道哪些字母能结合，还是说需要一门技艺才能做到这一点？

泰 需要技艺。

客 哪种技艺？

泰 语法。

客 【b】再说，关于声音的高低不也一样吗？掌握哪些音符能结合，哪些音符不能结合，有这门技艺的人就是音乐家，而没有掌握的人就是不懂音乐的。

泰 对。

客 关于其他技艺和无技艺，我们也能看到类似的情况。

泰 的确。

客 我们已经同意"种"① 也以相同的方式相互结合，对于那些想要正确阐明哪些种可以相互协调，哪些种会相互排斥的人来说，他必须按照某种知识并通过语言来进行讨论吗？【c】他尤其需要知道是否有贯

---

① 种（γένος），亦译种类，柏拉图在本篇中与型相（εἶδος）混用。

通一切并把它们聚集起来的种，以便使它们能够结合起来，反过来说，当它们分离的时候，是否有某些种贯穿整体，成为它们分离的原因。

泰 他当然需要一种知识，这种知识很可能是最重要的。

客 我们现在用什么来称呼这种知识，泰阿泰德？宙斯在上，难道我们竟然没有意识到我们已经撞上了自由人的知识——尽管我们要探寻的是智者，但却先发现了爱智者？

泰 你这是什么意思？

客 【d】按照种进行划分，不把相同的型相认作相异，也不把相异的型相认作相同，这不就是辩证法的知识吗？

泰 是的，我们就这么看。

客 如果一个人有能力做到这一点，那么他就能辨识出那个以各种方式贯穿于多个型相（它们彼此之间分离）的单一型相；他也能辨识出多个彼此相异的型相被单一型相从外面包含，或者多个整体结合为一个而形成单一型相，又或者多个型相被完全划分开来；【e】这也就是知道如何按照种来划分，知道各个型相怎样可以结合，又怎样不可以结合。

泰 完全正确。

客 我想，除了纯洁而又正当地爱智慧的人，你不会把辩证法归给别人。

泰 怎么可以归给别人呢？

客 如果我们去寻找，那么在这样的某个地方，我们现在或今后总可以发现爱智者。尽管我们很难清晰地看见他，【254】不过这种困难与发现智者的困难是不一样的。

泰 怎么讲？

客 智者自己练就一套本事，逃匿于非在者的极端黑暗中，这个地方由于黑暗而难以被看清，对吗？

泰 好像是这样的。

客 而爱智者永远通过理性而献身于在者这个型相，由于这个领域的光芒，他也不容易被看清，【b】因为大众的灵魂之眼无力持续地注视神圣者。

泰　很可能是这种情况，不亚于智者的情况。

客　对于爱智者，我们马上就会更加清楚地进行考察，如果我们还愿意。但是，对于智者，在彻底考察他之前，我们显然不能放弃。

泰　你说得太好了。

客　那么，我们现在已经达成共识，有些型相可以相互结合，另一些型相不可以；有些可以与少数型相结合，还有些型相贯穿一切，没有任何东西可以阻挡它们与每一个型相结合。【c】接下来，让我们按这种方式来讨论，不要涉及一切型相，以免太多了受干扰，而是选取被认为最大的一些型相，首先考察它们各自是什么，然后考察它们在相互结合方面有什么能力。这样的话，即使我们不能完全清晰地把握在者和非在者，但在目前这个考察方式允许的范围内，至少不要有什么论证上的不足，【d】然后再来看是否有某种方式允许我们说非在者真的是非在者，而又不被别人抓住把柄。

泰　我们必须这样做。

客　我们刚才提到的那些型相中，最大的是在者本身、静止和运动。

泰　确实如此。

客　而且，我们说其中两个彼此不能结合。

泰　对。

客　但是，在者与这二者是结合的，因为它们肯定都在。

泰　当然。

客　所以它们一共有三个。

泰　当然。

客　它们中的每一个都与其他两个相异，都与其自身相同。

泰　【e】是这样的。

客　但是，我们现在这样提及的"相同"和"相异"究竟是什么？它们是在那三个之外但又必然与它们永远结合在一起的两个型相吗？这样的话，有待考察的就不是三个型相，而是五个型相了，对吗？【255】要不然，我们没留意我们所说的相同和相异这些名称是属于前面那三个的，是吗？

泰　也许吧。

客　然而，运动和静止无论如何既不是相同也不是相异。

泰　怎么讲？

客　无论我们用什么方式来共同表述运动和静止，它都不可能是二者（相同和相异）中的任何一个。

泰　为什么？

客　因为这样一来，运动会静止，静止会运动。因为它们二者（运动和静止）无论哪一个变成那二者（相同和相异），都会迫使另一个（静止或运动）与其自身的本性相反，【b】这样它会分有相反者。

泰　确实如此。

客　但是，运动和静止这二者的确分有相同和相异。

泰　对。

客　那么，我们不该说运动是相同或相异，反之也别说静止是相同或相异。

泰　不该这样说。

客　然而，我们应当把在者与相同当作一个东西吗？

泰　也许。

客　但若在者和相同所表示的并无区别，那么，当我们说运动和静止都在的时候，【c】我们也得说它们是相同的。

泰　但这是不可能的。

客　所以，相同和在者不可能是一个东西。

泰　似乎如此。

客　那么，我们就应该把相同设定为那三个型相之外的第四个型相。

泰　当然可以。

客　再说，我们不应该把相异说成第五个吗？或者说，我们应当把相异和在者思考为一个型相的两个名称吗？

泰　也许吧。

客　但是，我想你会承认在者当中有一些被说成绝对的，另一些则永远被说成相对的。

泰　当然。

客　【d】相异永远相对于它者，对吗？

泰　是这样的。

客　如果在者和相异并非完全相区别，那就不会这样了。如果相异也像在者一样分有两种情况，那么就会有一些相异者不相对于它者而为相异者，但是我们现在已经毫无困难地证明了，只要是相异，就必然是相对于它者。

泰　正如你说的那样。

客　那么，在我们选择的型相当中，【e】相异的本性应当断定为第五个。

泰　对。

客　我们还断言相异贯穿于它们全部，因为每一个型相都相异于其他型相，不是由于其自身的本性，而是由于它分有相异这个型相。

泰　确实如此。

客　那么，让我们逐一领会这五个型相并作一些说明。

泰　如何领会？

客　首先，运动完全相异于静止。不然我们该怎么说？

泰　是这样的。

客　所以，运动不是静止。

泰　决不是。

客　然而，运动由于分有在者而在。

泰　【256】它在。

客　再说，运动又是异于相同的。

泰　差不多。

客　所以，运动不是相同。

泰　的确不是。

客　但是，它又是相同，因为一切都分有相同。

　　泰　确实如此。

　　客　那么，运动既是相同又不是相同，对此我们必须表示同意而不要犹豫。因为在说它是相同和不是相同的时候，我们并不以同样的方式进行言说；【b】当我们说运动是相同的时候，是由于就其自身而言它分有相同；而在说运动不是相同的时候，是由于它分有相异，因此它与相同分离而变成相异；所以它又可以正确地被说成不是相同。

　　泰　的确如此。

　　客　所以，倘若运动本身以某种方式分有静止，那么称它是静止就不会陷入荒谬，对吗？

　　泰　对，只要我们承认某些型相可以相互结合，某些不可以。

　　客　【c】我们在前面已经证明了这一点，并说明它在本性上就是如此。

　　泰　当然。

　　客　让我们再来说，运动不是相异，正如它也不是相同和静止，对吗？

　　泰　必须如此。

　　客　那么，按照当前的论证，运动以某种方式既不是相异，又是相异。

　　泰　这是真的。

　　客　接下来该怎么讲？尽管我们已经同意要考察的有五个型相，【d】我们仍旧要说运动与这三个相异，但不与第四个相异吗？

　　泰　那怎么行？我们不会让这个数目变少了。

　　客　所以，我们会无畏地坚持运动与在者相异吗？

　　泰　毫不畏惧。

　　客　那么很清楚，运动真的是非在者，但他又是在者，因为它分有在。

　　泰　很清楚。

　　客　所以，非在者必定在，无论对运动而言，还是对其他各个型相而言，莫不如此；【e】因为相异的本性使各个型相在相异于在者的时候把它们变成了非在者；我们以同样的方式也可以正确地说它们每一个不在。另一方面，由于它们分有在者，我们也说它们在。

泰　很可能。

客　所以，对于每一个型相而言，在者是众多的，而非在者在数量上是无限的。

泰　似乎如此。

客　【257】而且，在者本身也应当被说成是与其他东西相异的。

泰　必然如此。

客　所以，我们看到，就在者而言，其他型相有多少，它就在多大范围上非在，因为它不是其他型相；它是一个自身，而不是在数量上无限的其他型相。

泰　差不多是这样。

客　那么，我们没有必要为此感到犹豫，因为型相的本性允许相互结合。如果某人并不承认这一点，那么他在驳倒后面这些说法之前必须先驳倒我们前面的说法。

泰　你讲得很公道。

客　我们来看一下这个说法。

泰　【b】哪一个说法？

客　当我们说非在者的时候，我们似乎并不是在说在者的相反者，而只是说与在者相异的东西。

泰　怎么会这样？

客　举例来说，当我们说某个东西不大时，你认为我们这样说的意思是小而不是相等吗？

泰　我怎么会这样想呢？

客　所以，我们不要同意否定只表示相反，而要承认，【c】加上"非"这个前辍词表示与后接的名称有区别的东西——或者倒不如说，表示与否定词后面的名词所表述的事物有区别的事物。

泰　完全正确。

客　如果你跟我想的一样，让我们来考虑下面这一点。

泰　哪一点？

客　在我看来，就像知识一样，相异的本性也可以划分为许多小的部分。

泰　怎么讲？

客　知识当然也是一，但它的每个部分都有各自独立的对象，并且有各自的名称，【d】因此我们说有许多技艺和许多知识。

泰　确实如此。

客　相异的本性也一样被分为各个部分，虽然它是一。

泰　也许是这样，但我们该如何说明？

客　有没有相异的一个部分与美相对立？

泰　有。

客　我们应该说它没有名称，还是说它有某个名称？

泰　它有名称。每当说到非美的时候，指的无非就是与美的本性相异的东西。

客　现在再告诉我以下这一点。

泰　【e】哪一点？

客　由此是否可以推论，非美者是从某一类在者当中划分出来又与某类在者对立的东西？

泰　可以。

客　似乎由此可以再推论，非美是在者与在者的某种对立。

泰　非常正确。

客　据此，我们可以说美比非美更算得上是在者吗？

泰　决不可以。

客　【258】我们也应该说非大与大同样在吗？

泰　同样。

客　我们也应当以同样的方式看待非正义和正义，其中任何一个不会比另一个更在。

泰　当然。

客　对于其他这样的事物我们也应该这么说，因为相异的本性已经被表明是一个在者。既然是在者，它的那些部分也应当被看作诸在者。

泰　当然。

客　【b】那么，似乎是这样，当相异的部分本性与在者的本性相互对立的时候，这种对立，如果允许这么说，并不比在者自身更算不上是在者，因为它并不表示与在者相反，而仅仅表示与它相异。

泰　这很清楚。

客　那么我们该把它称作什么？

泰　它显然就是非在者本身，也就是我们由于智者的缘故而探寻的东西。

客　那么，如你所说，非在者与其他事物一样是在者，而且从现在起我们可以大胆地说非在者无疑也是有其自身本性的事物，【c】正如大者是大的，美者是美的，非大者是非大的，非美者是非美的，与此同理，非在者过去是非在的，现在也是非在的，并且应当算作众多在者中的一个类型，对吗？难道我们对它还有什么怀疑，泰阿泰德？

泰　完全没有。

客　那么，你可知道，我们不再听信巴门尼德，已经远远地突破了他的限制。

泰　在什么地方？

客　我们在推进探索的时候，已经向他表明了我们对这个领域的看法，而这个领域是他禁止我们去探究的。

泰　怎么讲？

客　【d】他说过："非在者在，决不要受这种看法的逼迫；相反，你们在探究中要让思想避免这一途径。"

泰　他确实这样说过。

客　而我们不仅证明了诸非在者在，另外还揭示了非在者实际所在的型相。既然我们说明了相异有本性，它把一切在者划分为彼此相对的各个部分，【e】我们也就大胆地说与在者对立的相异之本性的各个部分真的是非在者。

泰　客人呀，至少在我看来我们说得完全正确。

　　客　那么，当我们说非在者在的时候，别让任何人说我们胆敢主张非在者是在者的相反者，因为我们早已告别了在者的相反者，【259】无论它在或不在，有道理或没道理。至于我们刚才所说的非在者在，除非某个驳倒我们，让我们相信我们说得不对，否则他就应当跟我们一样说：各型相互相结合；在者与相异贯穿所有型相，并且彼此贯穿；相异分有在者，由于这种分有它在，但它并不是所分有的那个东西，而是与之相异，由于它是异于在者的，那么很明显它必然是非在者；反之，【b】由于在者分有相异，它会相异于其他所有型相，由于在者相异于其他所有型相，它不是他们当中的一个，也不是其他所有型相的总和，而只是其自身，因而，在者毫无疑问不是成千上万个事物的叠加，而其他型相，无论是个别还是总体，在许多方面在，在许多方面不在。

　　泰　对。

　　客　如果有人不承认这些对立，他就应当亲自考察它们，并且提出比现在这个更好的论述。但是，如果自以为在其中发现了某个疑难，【c】就喜欢把论证一会儿扯到这里，一会儿扯到那里，那么就像我们刚才说过的那样，这是在把力气浪费在不值得努力的事情上了。因为发现这个东西既不算能干，也并不困难，既艰难又美好的是另外一件事。

　　泰　什么事？

　　客　就是前面说过的，放弃那些诡辩，让自己能够跟得上这样一步步的考验。当有人断言相异以某个方式是相同、【d】相同以某个方式是相异的时候，我们就要弄明白，他认为这二者在什么意义上、相对于什么才是这种关系。还有，当有人断言相同无论以任何方式都是相异、相异无论以任何方式都是相同、大者是小的、相似者是不相似的，以这种方式在论证中提出矛盾并借此取乐，那么就要能够指明这不是真正的辩驳，而且这样做的人显然是刚刚接触诸实在的新生儿。

　　泰　确实如此。

　　客　好小伙子，试图把每一个与其他一切分离开来是不妥的，【e】这样做的人完全不懂音乐，也不懂哲学。

　　泰　怎么讲？

客 把每一个从一切当中解开也就是所有陈述①的完全消失，因为我们看到，陈述表现为诸型相的相互结合。

泰 没错。

客 【260】所以，你考虑一下，我们刚才与这些人作战并且迫使他们允许这个东西与那个东西相结合，这样做有多么及时。

泰 针对什么而言？

客 针对这一点，在我们看来，陈述也是诸在者中的一个种类。如果我们被剥夺了陈述，我们就被剥夺了哲学。但是，我们当前还必须对什么是陈述达成共识。如果我们完全否定它存在，那么我们一定不能再说话了。【b】如果我们承认没有任何东西以任何方式与任何东西相结合，那么我们就已经否定了陈述。

泰 这当然没错。但我不明白，为什么我们现在必须对陈述达成共识。

客 按照下面这个方式，也许你会很容易懂。

泰 什么方式？

客 我们已经阐明非在者是在者之外的某个型相，而且分布在一切在者之中。

泰 是这样的。

客 所以，接下来我们应当考察非在者是否与判断和陈述相结合。

泰 为什么要这样做？

客 【c】如果非在者不与它们相结合，那么一切都必然是真实的；如果非在者与它们相结合，就会出现假判断和假陈述，因为去断定或去论说非在者就是在思想和陈述中出现了假。

泰 是这样的。

客 如果有假，也就有欺骗。

泰 对。

客 如果有欺骗，一切也就必然充斥影像、仿像和幻象。

---

① 陈述（λόγος），亦译论说、谈话。

泰　当然。

客　我们曾经断定，智者遁入这个地方藏身，【d】但他却完全否认曾经有假或发生过假。因为非在者既不可思考也不可言说——因为非在者决不以任何方式分有在。

泰　他是这样说的。

客　但是现在，我们已经表明非在者分有在，因此智者大概不会在这一点上与我们继续作战；然而，他可能会说诸型相当中有些分有非在者，有些不分有，而且陈述和判断就属于不分有非在者的东西；【e】一旦判断和陈述不与非在者相结合，他就会再次作战，坚持根本没有影像制造术和幻象术——而我们却断定他就藏在这个地方；如果不发生这种结合，那么假就完全不存在。故此，我们先来探索陈述、判断和印象究竟是什么，【261】一旦显明，我们就可以洞察到它们与非在者的结合；一旦洞察，我们就可以证明有假；一旦证明，我们就可以把智者绑定在那里——如果他是有责任的；否则，我们就让他走，并在其他种类中继续寻找。

泰　确实如此，客人呀，似乎起初关于智者的说法是正确的。这种人是难以捕捉的。他显然拥有许多挡箭牌，一旦他举起一块挡箭牌，那么在抓住他之前必须要先跟这道挡箭牌作战。我们刚刚艰难地突破了他抛出来的非在者不在，【b】另一道挡箭牌又被举了起来，所以我们必须证明在陈述和判断中有假，此后或许他还会举起另一道挡箭牌，然后还会有别的，似乎永远不会有终点。

客　泰阿泰德，哪怕只能够持续前进一小步，我们也要有信心。因为如果在前进时丧失信心，那么在别的情况下该怎么办，要么什么地方也到不了，要么倒退回去，不是吗？【c】常言道，这样的人要拔取城池终究枉然。而现在，好小伙子呀，最重要的城墙已经被攻破，如你所说的那样，以后剩下的难处是比较小的和比较容易的。

泰　你说得太好了。

客　就像刚才说的那样，首先让我们从陈述和判断入手，以便更加清楚地考量，究竟非在者与它们有关联，还是说它们二者完全是真的，在任何时候任何一个都不会有假。

泰 可以。

客 【d】来吧，让我们像刚才谈论诸型相和诸字母那样，以同样的方式来考察诸语词。因为我们现在要考察的东西通过它表达出来。

泰 我到底要回答有关语词的什么问题呢？

客 要么一切语词都相互匹配，要么没有任何语词相互匹配，要么有些语词能匹配，有些语词不能匹配。

泰 这很清楚，有些语词能，有些语词不能。

客 你的意思大概是这样的，某些按次序说出来并且有所指称的语词相匹配，【e】某些聚在一起并不指称任何东西的语词不相匹配。

泰 你的意思是什么？

客 你刚才回答的时候我认为你已经明白了。关于实在的声音符号，我们的确有两种。

泰 哪两种？

客 【262】一种被称作名词，另一种被称作动词。

泰 请分别描述一下吧。

客 一方面，那些涉及动作的符号，我们说它是动词。

泰 对。

客 另一方面，那个涉及动作的施动者的声音符号被称为名词。

泰 确实如此。

客 陈述永远不会仅由一连串说出来的名词组成，也不会由脱离名词而被说出来的动词组成。

泰 这一点我不懂。

客 【b】你刚才同意的时候，心里想的显然不是这一点。我想说的是，用下面这种方式连续说出来的这些东西不是陈述。

泰 什么方式？

客 举例来说，"走、跑、睡"，以及其他表示动作的动词，即使某人把它们全都说出来，也不能构成任何陈述。

泰 当然不能。

客　如果某人说出"狮、鹿、马",以及其他得名于动作之施动者的名词,【c】这些名词的连续体也不能构成一个陈述;除非某人把名词与动词结合起来,否则发出的声音不会以任何方式指称任何作为或不作为,既不指称在者也不指称非在者。但是,当名词和动词出现匹配的时候,这个最基本的结合物就立即成为陈述,即最基本的和最简短的陈述。

泰　你到底是什么意思?

客　某人说:"人学习",你会说这是最简短和最基本的陈述吗?

泰　【d】我会。

客　因为它此刻的确指称了在者、正在生成者、已经生成者、将出现者。它不仅用名称来指称,而且通过把动词与名词结合起来断定某件事。因此,我们说它是论断而不仅仅是命名。我们把这个结合体的名称叫做陈述。

泰　对。

客　正如有些事物相互匹配,而有些事物不相配,声音符号亦如此,某些不匹配,【e】而某些则相匹配并构成一个陈述。

泰　确实如此。

客　不过,还必须提到另一小点?

泰　那是什么?

客　只要是陈述就必然是关于某个事物的陈述;不关于任何事物的陈述是不可能的。

泰　是这样的。

客　它必定有某个性质吗?

泰　当然。

客　那么,让我们来思考一下自己。

泰　行。

客　我对你说出一个陈述,它通过名词和动词而将事物和动作结合起来。你要告诉我这个陈述是关于什么的。

泰　我将尽力而为。

客　【263】"泰阿泰德坐着"，这个陈述不算长，对吗？

泰　不长，正合适。

客　你的任务是说出它是针对什么的和关于什么的。

泰　它显然是针对我的，并且它是关于我的。

客　那么，和这个相反的陈述怎么样？

泰　哪一个？

客　"泰阿泰德，也就是我现在与之交谈的这个人，在飞。"

泰　没有人会提出异议，它关于我并且针对我。

客　【b】我们还说过每个陈述必定有某个性质。

泰　对。

客　那么，我们应该说这两个陈述各有什么性质？

泰　其中一个是假的，另一个是真的。

客　其中，真陈述把关于你的在者断定为在。

泰　的确。

客　而那个假陈述断定了异于在者的东西。

泰　对。

客　所以，它把非在者断定为在者。

泰　差不多。

客　但是，这个在者与关于你的在者相异。我们说过，关于每个事物的确有许多在者，也有许多非在者。

泰　确实如此。

客　【c】我所说的关于你的后一个陈述，根据我们对什么是陈述的界定，必然是最简短的陈述。

泰　这一点我们刚才已经达成了共识。

客　其次，它必然针对某个事物。

泰　是这样的。

客　如果它不关于你，它也不会关于其他任何事物。

泰　当然。

客　如果它不关于任何事物，那么它就根本不会是陈述，因为我们已经指出不关于任何事物的陈述不可能是陈述。

泰　非常正确。

客　【d】如果这个陈述所说的是关于你的，但是把"这"说成了"那"，把非在者说成了在者，那么由动词和名词产生出来的这样一个结合体，看上去就真的成为了假陈述。

泰　完全正确。

客　现在不是很明显吗，思想、判断和印象，这些在我们灵魂中的东西既有真也有假？

泰　怎么讲？

客　【e】如果你首先了解它们是什么以及它们彼此之间有什么区别，那么说起来就容易些。

泰　请说！

客　思想和陈述不是同一个东西吗？只不过，一方面，灵魂内部发生的不出声的自我交谈被我们称作思想。

泰　确实如此。

客　另一方面，从灵魂出发并通过口腔流出的有声气流被称作陈述。

泰　对。

客　而且，我们知道在各个陈述中包含着……

泰　什么？

客　肯定与否定。

泰　我们知道。

客　【264】当肯定和否定通过思想沉默地发生在灵魂里，除了下判断以外，你还会用什么来称呼它呢？

泰　当然不会。

客　当判断不是自在地而是通过感觉向某人呈现出来，那么这种状态正确说来除了印象还会是什么吗？

泰　不会。

客　由于陈述有真也有假，而思想是灵魂与自身的交谈，判断是思想的完成，【b】此外，我们还用得到印象来表示感觉和判断的结合——
这些东西与陈述是同类的，所以，其中有些必然在有些时候是假的，
对吗？

　　泰　当然。

　　客　那么，你意识到没有，我们已经发现了假判断和假陈述，比预
料的还要快。我们刚才还感到畏惧，把它当作一项没有尽头的探索。

　　泰　我意识到了。

　　客　因此，不要对剩余的工作感到气馁。既然这些事情已经显明，
【c】让我们来回忆前面按照类型来进行的划分。

　　泰　哪些类型？

　　客　我们曾经把影像制造术划分为两个类型，其中一个是仿像术，
另一个是幻象术。

　　泰　对。

　　客　我们还说过，我们感到困惑，不知该把智者归为哪一类。

　　泰　对。

　　客　就在对此感到困惑的时候，更大的晕眩又降临在我们身上，出
现了一个反驳所有人的陈述，它断定根本没有仿像，也没有影像和幻
象，【d】因为假在任何时候任何地点都不以任何方式存在。

　　泰　你说得对。

　　客　但是现在，我们既然已经表明有假陈述和假判断，那么就使得
诸实在的摹本有可能存在，也使得造成这种心灵状态（假判断）的欺骗
的技艺有可能存在。

　　泰　对，这样的话就有可能。

　　客　我们早些时候已经达成共识，智者属于前面提到的两个类型
之一。

　　泰　对。

　　客　所以，让我们再作尝试，对先行设定的种类进行对半划分，
【e】一直按照右边这个部分进行划分，抓住智者所属的共同体，直到剔
除他的所有同伴，并保留他特有的本性；【265】最后，我们将展示这一

本性，首先展示给我们自己，然后展示给本性上跟这种方法有缘的人。

泰　对。

客　我们当时是从划分制造述和占有术开始的吗？

泰　对。

客　在占有术中，他向我们幻显为处于猎取术、争斗术、商贸术以及诸如此类的某个类型中，对吗？

泰　没错。

客　但是现在他被包括在模仿术中，很明显首先必须被对半划分的是制造术本身。因为模仿的确是某种制造，【b】只不过它制造的是影像，而不是各个原本的制造，对吗？

泰　确实如此。

客　首先，制造术有两部分。

泰　哪两个部分？

客　其中一部分是属神的，另一部分是属人的。

泰　我不明白。

客　如果我们还记得我们一开始说的话，那么我们说过，所有的能力，只要它是先前不存在的东西之后生成的原因，就是制造术。

泰　我们记得。

客　【c】一切有死的动物、所有生长在大地上并出自种子和根系的植物，以及大地中形成的可分解的和不可分解的各种无生命的物体——这些东西，我们要说，不是神的制作，而是别的东西使这些先前不存在的东西得以生成，是吗？或者说，我们采用多数人的意见和说法……

泰　什么说法？

客　自然把它们产生出来，它们是自发的，没有包含思想的原因。或者说，我们要说它们是神通过理性和神性的知识产生出来的吗？

泰　【d】可能由于我年纪轻，我经常在这两种意见中左右摇摆；不过我现在看着你，想必你认为它们通过神而生成，所以我就认定这个说法吧。

客　很好，泰阿泰德！要是我认为你属于以后会另有断定的人，那么我现在就会用带有必然说服力的论证来尝试着让你认同我。不过，我了解你，【e】即使没有我们的这个论证，你的本性也会把你引到现在吸引你的观点，所以我就不做论证了，因为那需要更长的时间。我设定，所谓自然的东西由属神的技艺来制造，由人把自然物组合起来的东西由属人的技艺来制造，按照这个说法，制造术有两种，一种属人，一种属神。

泰　对。

客　请把两类技艺各自划分为两半。

泰　怎么分？

客　【266】你刚才对整个制造术作了横向划分，现在作纵向划分。

泰　就这么办吧。

客　这样一来，制造术就有四个部分，两个在我们这边，属人的，另外两个在神那边，属神的。

泰　对。

客　当它们以另一方式被划分，两部分中各自又有一个部分是原本制造术①，剩下的基本上是影像制造术，按照这个方式，制造术可以再次划分为两半。

泰　【b】请说各自再以什么方式划分。

客　我们知道，一方面，我们、其他动物，以及形成自然物的东西一，亦即水、火，及其同类，都是神的产物，是神的作品，不然怎样？

泰　就这样吧。

客　另一方面，它们各自的影像与之相伴出现，这些影像不是它们自身或原本，也由神灵的机巧所产生。

泰　有哪些？

客　睡梦中的幻象，以及被说成是自发的日光中的幻象，【c】其中之一是阴影，也就是光明后面的黑暗；还有一种情况，就是自身的和别处的两重光在平滑和光洁的表面会聚到一起时出现的映象，给出一种与

---

① 原本制造术（αὐτοποιητική）。

通常视觉相反的感觉。

　　泰　的确有这两种神工的产物，事物的原本和伴随着每个事物的影像。

　　客　【d】那么，我们人的技艺又怎样？我们不说它通过建筑技艺而制造了房屋本身，但又通过绘画制造了个别的房屋，就像为清醒者造就的梦吗？

　　泰　我们要这样说。

　　客　我们说，我们的制造活动的其他作品也以这个方式成双成对，一方面，原本出自原本制造术；另一方面，影像出自影像制造术。

　　泰　我现在比较懂了。我把两种制造的技艺都设定为双重的，按照一种方式划分为属神的技艺和属人的技艺，按照另一个方式划分为属于原本的技艺和属于相似的衍生物的技艺。

　　客　让我们回忆一下，影像制造术的一个种类是仿像术，另一个种类是幻象术——【e】如果假真的是假，并且在本性上表现为某种在者。

　　泰　是这样的。

　　客　既然假以此方式已经得到显明，那么我们现在不可以毫不犹豫地把它们算作两个类型吗？

　　泰　可以。

　　客　【267】让我们把幻象术再划分为两部分。

　　泰　以什么方式划分？

　　客　一种要使用工具，另一种则是幻象的制造者把自己当作工具。

　　泰　你什么意思？

　　客　我认为，当有人使用他自己的身体或者用他的声音制造与你的姿态或声音显得相似的东西，这种幻象术必定叫做模仿。

　　泰　对。

　　客　【b】让我们把它区别出来并称为模仿术。让我们放开所有其他的，让别人去把它们归结在一起，并起个恰当的名称。

　　泰　好，就确定这一个，放弃另一个。

　　客　泰阿泰德，这个模仿术仍旧值得考虑为双重的；考虑一下，我们这样做的根据是什么。

泰　你说吧。

客　有些模仿者知道自己在实施这个模仿术，有些模仿者不知道。我们还能发现比知道和不知道更大的划分吗？

泰　不能。

客　我们刚才提到的模仿是有知识的人的模仿，对吗？认识你和知道你的姿态的人才能模仿你。

泰　【c】当然。

客　但是，正义和一般的美德的姿态是什么呢？许多人不认识它，而只是好像认识它，就极力试图通过自己去表现好像认识的东西，用行动和语言去模仿它，对吗？

泰　许多人都这样。

客　根本不正义的人没有一个会被认为是正义的吗？或者说，情况正好相反？

泰　正好相反。

客　【d】那么，我认为，无知识的模仿者应当被视为和有知识的模仿者不同。

泰　对。

客　我们在哪里能找到他们各自合适的名称呢？这显然是件难事，因为前人似乎懒惰成习，缺乏根据类型进行种类划分的能力，甚至没有人进行过这种尝试，因此我们必定缺乏足够的名称。尽管这个说法过于大胆，让我们还是继续划分，把基于臆见的模仿称作"自以为是的模仿"，【e】而把基于知识的模仿称作"恣意的模仿"。

泰　就这样叫吧。

客　那么，与我们相关的是前者，因为智者不属于有知者，而属于模仿者。

泰　确实如此。

客　那么，让我们来考察一下自以为是的模仿，就像人们检验铁器一样，看它是健全的，还是里面有裂缝的。

　　泰　就这么做吧。

　　客　【268】这里的确有条裂缝，而且还很长。他们当中有一类挺天真的，相信他臆想到的东西就是他认识的东西；但是，由于另一类人长期在论证中打滚，他感到非常怀疑和恐慌，因为他不认识他在其他人面前伪装认识的那些东西。

　　泰　的确有你说的这两种人。

　　客　那么，我们把其中一种人看作天真的模仿者，把另一种人看作伪装的模仿者。

　　泰　看起来是这样的。

　　客　我们说后者是一种还是两种？

　　泰　你自己来看吧。

　　客　【b】我正在考虑，发现有两种。我发现其中一种能够在公共场合对着大众用长篇论证进行伪装，另一种在私下场合用简短的论证迫使与之争论的人陷入悖论。

　　泰　你说得非常正确。

　　客　我们把发表长篇大论的人看作什么？政治家还是公共演说家？

　　泰　公共演说家。

　　客　我们如何说另一种人？有智慧的人还是有智术的人？

　　泰　他肯定不是有智慧的，【c】因为我们刚才把他判定为无知识的人。但是，假如他是有智慧的模仿者，那么他将获得一个与这个名称同源的称呼，而且我现在差不多已经知道了，我们必须称他为完全纯正的智者。

　　客　那么，我们要不要像刚才那样，从最后到开始，把他的名称汇总起来？

　　泰　当然要。

　　客　他的技艺是属人的而非属神的制造，在语言中玩弄魔术的部分，【d】属于影像制造术中的幻象术，也就是自以为是的模仿当中伪装的、制造悖论的部分——谁把这个种族和血统的人说成是真正的智者，那么他大概说出了最真实的东西。

　　泰　我完全同意。

索　引

smell:ὄσφρησις 嗅觉 Tht.156b

Socrates:Σώκρατης 苏格拉底 Prm.128c;
　　Tht.143d,143e,144d,149a+,151a,157c+,
　　160e,169b,183e,184a+,197a,201d+,
　　209c,210b+

sophist(s):σοφιστής 智者 Sph.218c+,
　　218e+,221d+,223a+,225e+,231d+,
　　233c+,235,240a,254a,260d,261b,
　　264e+,268c+;Tht.154d+,167a,167c+

sophistic(al)/sophistry:σοφός 智者
　　的 / 智术 Sph.223b,223c+,231b

soul(s):ψῡχή 灵魂 Sph.223e+,
　　227e+,246e+

Sparta/Spartan(s):Σπάρτη 斯巴达 /
　　斯巴达人 Tht.162b,169b

spirit(s):δαίμων 精灵 Tht.176c

statesman(ship)/statesmen:ῥήτωρ,
　　πολιτικός 政治家 Sph.268b

stories/story:μῡθος 故事 Sph.242

strife:ἔρίς, διαφορά 争斗 Sph.242c+

sun:ἥλιος 日 / 太阳 Tht.153d

Sunium:Σουνίου 索尼昂（地名）Tht.
　　144c

sweetness:γλυκύτης 甜 Tht.159d

syllables:συλλαβή 音节 Tht.202e+

symmetries/symmetry:συμμετρία 对
　　称、对称性 Sph.228c+

T

teachers/teaching:διδάσκαλος, παι-
　　δευτής, διδαχή, παίδευσις 教师 /
　　教 Sph.229

temper(ament):τρόπος 脾气、怒火

Tht.144a+

Terpsion:Τερψίων 忒尔西翁,《泰阿
　　泰德篇》谈话人 Tht.142a—143c

Thales:Θαλῆς 泰勒斯 Tht.174a,
　　174c,175d

Thaumas:Θαύμας 萨乌玛斯 Tht.155d

Theaetetus:Θεαίτητος 泰阿泰德,
　　《智者篇》、《泰阿泰德篇》谈话人
　　Sph.218a+;Tht.142a,143e+,147d+

Theodorus of Cyrene:Θεόδωρος 塞奥
　　多洛,《智者篇》、《政治家篇》、
　　《泰阿泰德篇》谈话人 Sph.216a+;
　　Tht.143b,162a,165a

Theseus:Θησεύς 忒修斯 Tht.169b

thinking/thought:ἔννοια 思考 / 思想
　　Prm.132b+,135c;Sph.240d+,260c+,
　　263d+,264a;Tht.189e+

Thirty,the:τριᾱκάς 三十僭主 Prm.127d

Thrace/Thracian(s):Θρᾳκη 色雷斯（地
　　名）Tht.174a,174c,175d

time:χρόνος 时间 Prm.141a+,141d+,
　　151e+,152b+

trade(rs/s):ἐργασία,ἔμπορος 贸易、
　　商人 Sph.219c+

Trojan(s)/Troy:Τροία 特洛伊（地名）
　　Tht.184d

truth:ἀληθής/ἀλήθεια 真相 / 真话
　　Prm.136d;Sph.249c,254a;Tht.152c,
　　161c+,171a+,173e

tyranny/tyrannical/tyrant(s):δεσποτεία
　　僭主制 Sph.222c;Tht.174d